디지털 트랜스포메이션 마케팅

DX2.0

디지털 트랜스포메이션 마케팅

Digital Transformation Marketing

양경렬 지음

비전코리아

과거 30여 년 동안 마케팅은 디지털 기술로 인해 근본적으로 탈바꿈하였고 인간의 경험까지 변화시켰다. 저자는 이 책에서 디지털 기술이 계획적이면서 파괴적인 영향력으로 마케팅과 인간의 삶에 어떠한 변화를 초래하였는지를 살펴보면서 디지털 기술을 마케팅에 성공적으로 적용한 기업 사례를 통찰력 있게 분석한다. 상시적으로 전개되는 변혁의 과정에서 핵심 동력이 무엇인지를 이해하고자 하는 젊은 마케터들에게 이 책은 소중한 가이드라인이 될 것이다.

– 마이클 니더햄(시멕스 아이웍스 회장, 캐나다 아이비 비즈니스스쿨 명예이사)

팬데믹이 장기화되는 상황에서 기업은 어떻게 변화하고 새로운 돌파구를 찾아야 할까? 광고 마케팅 30년 실무 경험을 바탕으로 저자는 디지털 트랜스포메이션 2.0시대에 적합한 마케팅으로 중무장하라고 제안한다. 이 책은 디지털 트랜스포메이션 마케팅의 생생한 사례와 저자가 현장에서 경험한 통찰력을 바탕으로 글로벌 생태계에서 생존의 해답을 찾는 기업, 연구자, 대학생들에게 길을 제시할 것이다.

– 전미옥(중부대학교 학생성장교양학부 교수,《I am Brand》저자)

디지털 기술의 진보로 우리의 삶은 크게 변하고 있다. 하지만 우리가 쾌적하고, 사용하기 쉬우며 편리하다고 생각하는 상품과 서비스는 기술의 진보만으로는 달성되지 않는다. 본서는 DX와 마케팅이라는 2가지 콘셉트의 융합으로 실현되는 DX 2.0 시대의 새로운 사회에 초점을 맞추었다. 저자는 한국뿐 아니라 일본, 미국, 홍콩 등에서 풍부한 현장 경험을 가지고 있는 글로벌 마케터로서 본서에서 소개하는 다양한 사례를 통해 포스트 코로나 세상이 어떻게 변해갈 지 예측한다.

– 시마무라 가즈에(와세다 대학교 상학부 교수)

디지털 전환의 성공 여부가 기업 생존을 좌우하는 시대가 되었다. 우리가 상상하지 못한 지점에서 새로운 가치가 생겨나고 소비자가 느끼는 불편함이 새로운 상품과 서비스로 태어나기도 한다. 코로나 팬데믹이 가져온 일상의 변화는 누군가에게는 위기이지만 누군가에게는 분명 기회다. 디지털 트랜스포메이션이 가속화하는 시대에 다른 기업들이 미래를 어떻게 준비하고 있는지 알고 싶다면 이 책을 읽고 그 답을 찾아보라.

– 김한경(KPR 창업자 겸 회장)

본서는 디지털 기술과 마케팅이 결합한 DX 2.0 시대에 새로운 가치를 창출하기 위해 노력하는 브랜드들의 최신 마케팅 사례를 알기 쉽게 설명하고 있다. 마케팅 종사자뿐만 아니라 디지털 시대의 사회가 어떻게 변화할 것인지 궁금한 사람들이라면 누구나 일독을 권한다.

– 윤호주(한양대 병원장)

미국의 시트콤 〈프렌즈〉의 에피소드 중 소파를 집에 들여놓는 사건부터 일본 이자까야를 거쳐 독일의 데이터 보안 회사로 뛰었다가 한국의 게임회사까지 피벗(pivot) 전략의 사례가 세계를 돈다. 이 책을 통해 한국-미국-일본-홍콩은 기본이고 전 세계를 무대로 글로벌 마케팅 무대를 섭렵한 저자의 생생한 여정에 동참하시라.

– 박재항(하바스코리아 전략부문 대표)

DX 2.0, 새로운 시장이 온다

위기는 사람을 변화시키지 않는다.

위기는 사람의 본모습을 드러내게 할 뿐이다.

- 에릭 월터스(Eric Walters) _캐나다 작가

2020년 전 세계를 휩쓴 코로나로 인해 경제는 심각한 타격을 입었다. 그 피해가 어느 정도인지 정확히 집계된 바는 없다. 그러나 전 세계 경제에 심각하게 부정적인 영향을 미쳤다는 데는 모두가 동의할 것이다. 미국의 신용평가기관 S&P와 국제통화기금(IMF)은 2020년 전 세계 경제성장률이 전년 대비 4% 감소했을 것으로 예측했는데, 이는 리먼브러더스 사태를 넘어서 1930년 세계 공황 이래 최악의 수준이다. 코로나로 심각한 경제적 타격을 받은 세계 경제는 2021년 들어

미국을 시작으로 차츰 회복세를 나타내고 있지만 혼란스러운 상황은 전 세계적으로 당분간 계속될 것으로 보인다. 이렇게 불확실성이 높은 상황에서는 미래를 예측하기가 어려워 새로운 사업이나 상품, 서비스 출시와 관련해 보수적인 판단을 내리기 쉽다.

하지만 생각을 조금만 바꾸면 변화와 불안정이 시장을 지배하는 시기야말로 새로운 사업을 보다 유리하게 진행할 수 있는 적기다. 여기에는 몇 가지 이유가 있다. 첫째, 이런 시기에는 새로운 니즈가 많이 발생한다. 둘째, 모두 다 투자나 신규 사업에 소극적이다 보니 품질 좋은 리소스를 경쟁력 있는 가격에 비교적 쉽게 조달할 수 있다. 셋째, 일단한번 어려움을 극복하고 나면 제품 및 서비스의 질이 높아지게 마련이다. 마지막으로 신규 비즈니스 개발에 필요한 시간을 확보하기 쉽다.

코로나로 인한 변화의 시기를 잘 활용하면 위기는 오히려 기회가된다. 다만 이를 위해서는 마케터의 전략과 지혜가 절실히 요구된다. 특히 새로운 니즈를 발견해서 새로운 시장을 개척하는 데 노력해야한다. 혼란스러운 상황에서는 사람들의 행동 패턴이 변하고 이로 인해 새로운 니즈와 과제가 생겨나기 마련이다. 변화의 시기에 숨어 있는 시장의 문제점을 파악해서 참신한 아이디어를 가지고 적극적으로 해결책을 찾다 보면 의외의 결실을 얻을 수 있다.

혼란의 시대, 새로운 시장을 선점하라

다시 한 번 강조하지만 변화와 혼란의 시기는 조금만 시각을 달리하면 제품의 질을 높일 수 있는 절호의 타이밍이라고 할 수 있다. 어려움을 극복한 상품이나 서비스는 소비자의 니즈를 제대로 파악하고 그에 대한 해결책을 제시했을 가능성이 높다. 이외에도 어려운 상황을 상품 서비스 운영자의 리스크 관리 능력을 향상시키거나, 실현 가능성이 높은 사업 계획을 작성할 기회로 활용할 수도 있다. 게다가 이러한 시기에 소비자들은 유행을 추구하기보다는 실용성을 중시하게 마련이다.

파타고니아(Patagonia)는 아웃도어 상품뿐만 아니라 극한 상황에 적응하는 데 도움이 되는 군용 의류를 개발해서 판매하고 있다. 파타고니아가 이윤을 추구하는 기업 본연의 목적보다는 사회적 책임 추구라는 가치를 지향하면서도 미국 3대 아웃도어 업체로 성장할 수 있었던 근본에는 트렌드를 추종하기보다는 실용성에 치중한 기업 전략이 존재한다. 코로나 팬데믹으로 경영난에 허덕이는 의류업계는 파타고니아의 사례를 참고 삼아 실용성에 방점을 두고 각 사의 독특한 기업 가치를 추구한다면 불황 탈출의 돌파구를 찾을 수 있을 것이다.

일본에선 '워크맨(Workman)'이라는 아웃도어 의류 상품이 인기다. 작업복이란 틈새시장에서 지배적 위치를 구축해온 워크맨은 탄탄한 품질을 바탕으로 2018년 아웃도어 시장에 진출했다. '튼튼하고 저렴한' 제품이라는 입소문을 타고 지난해 7월 전년 동기 대비 21.4%의 매출 증가율을 기록하는 등 의류업계가 침체에 빠진 가운데 홀로 호황을 누리고 있다. 이 역시 제품의 실용성에 집중한 전략이 주효한 사례라 할 수 있어 주목받고 있다.

일본의 블루스타 버거(Blue Star Burger)도 실용을 추구하는 소비자들에게 새로운 유형의 상품을 제공하면서 긍정적인 시장 반응을 얻고 있다. 앱에서 주문, 결제하고 로커에서 주문한 햄버거를 찾아가는 간편함과 저렴한 가격이 소비자들의 주목을 받은 것이다.

새로운 비즈니스를 성공시키기 위해서는 당연히 새로운 마케팅을 구사해야 한다. 이를 위해서 가장 먼저 해야 할 것은 고객의 일상에 대한 깊은 이해를 바탕으로 업계나 회사가 미처 파악하지 못했던 문제를 발견하는 것이다. 그다음 단계는 문제 해결을 위한 새로운 가치를 창출하는 것이다. 고객의 문제를 명확히 인식해서 이를 신제품, 새로운 서비스 개발에 연결해야 한다. 혼란스럽고 어려운 시기일수록 소비자와 시장은 빠르게 변한다. 고객의 니즈를 찾아라. 그들과 공감하라. 혼란의 시기야말로 마케터에게는 새로운 돌파구를 만들 수 있는 절호의 기회다.

뉴노멀 시대, 새로운 수요가 몰려온다

오스트리아 출신 영국 경제학자이며 정치 철학자이고 1974년 노벨 경제학상을 수상한 프리드리히 하이에크(Friedrich Hayek)는 시장의 움직임은 자본 설비의 새로운 사용처를 찾게 하고, 지식의 발견을 촉진시킨다고 했다. 이런 의미에서 보면, 자본 설비를 새로운 곳에 활용해서 소비자의 니즈에 응답하도록 기업가에게 동기를 부여하는 것이야말로 시장의 기능이라고 할 수 있다.

이와 관련하여 가격과 자본 2가지가 주로 지표로 사용돼왔다. 그런데 최근 이외에 표적집단면접법(Focus Group Interview, FGI) 같은 소비자의 잠재적 기호를 찾아내는 시장조사법이 개발되어 적극 활용되면서 정보를 이용해서 소비자를 움직이는 것이 기업 전략의 큰 흐름이 되었다. 시장의 흐름을 바라보는 시각과 관련, 가격과 자본에 정보가 추가된 것이다. 서비스를 공급하는 기업은 가격과 자본 상황에 따라 설비를 어떻게 활용할지 고민하면서 소비자의 삶을 관찰, 연구해 새로운 수요를 찾아내고 그에 대응할 전략을 구축한다.

코로나 팬데믹의 충격이 사그라들면서 포스트 코로나 시대의 새로운 사회, 생활 모습을 시사하는 움직임이 시장 여기저기에서 이미 나타나고 있다. 새로운 수요와 새로운 시장이 창출될 가능성이 산재해 있는 셈이다. 새로운 시장을 선점하기 위해서는 한 발 앞선 발 빠른 대응이 필요한 시점이다.

숨어 있는 수요를 발견하라

코로나 팬데믹으로 대부분의 산업 분야가 몸살을 앓고 있다. 요식업종도 예외는 아니다. 하지만 이런 상황에서도 시각을 조금만 달리하면 사정이 달라질 수 있다. 인간은 뭔가 먹지 않으면 안 된다. 갑자기 지금까지의 2배 양을 먹는다든가 반대로 절반으로 줄이기는 힘들다. 코로나로 인해 지금까지 외식으로 충당하던 부분이 집에서 먹는 것으로 대체되고 있는데, 이에 맞춰 유통 과정을 변경하면 농산품 식자재를 제공하는 농가의 어려움을 해결할 수도 있다. 이 같은 소비자들의 변화에 발맞춰 오피스가나 번화가를 타깃으로 하던 푸드 트럭들은 아파트나 주택가로 진출하고 있다. 코로나로 인해 경영이 어려워진 음식점들은 재택근무하는 사람들이 많아지는 추세에 맞춰 포장 판매, 밀키트 등 새로운 시장을 개척하고 있다. 코로나로 인해 소비자들의 움직임이 둔화되고 있는 데 주목한 것이다.

재택근무로 인해 사람들이 집에서 보내는 시간이 점점 많아지고, 사람이 많이 모이는 장소에 가는 것을 삼가면서 여행이나 외식 수요가 급감하고 있다. 하지만 이들 수요는 억눌려 있거나 변화한 것이지 사라진 것은 아니다. 인간의 기본적인 욕구를 충족하고자 하는 열망이 사라진 것도 아니다. 달라진 상황에 대처하기 위해서는 소비자의 삶을 꾸준히 관찰해야 한다. 소비자가 있는 곳으로 찾아가 그들의 니즈를 충족시키려는 노력을 한층 강화해야 한다. 그렇게 함으로써 새로운 소비를 창출할 수 있다. 새로운 니즈는 소비자의 생활 곳곳에 숨겨져 있다. 숨은 니즈를 발굴하면 코로나로 인해 절제된 소비를 새로운 방향으로 유도해 되살려낼 수 있을 것이다.

홈코노미(Home+Economy), 일인 이코노미가 새로운 트렌드로 떠오르고 있다. 코로나로 인해 집이 단순히 주거공간을 넘어 휴식, 문화, 그리고 레저를 즐기는 공간으로 확대되면서 집에서 먹고 즐기는 시대가 됐다. 집에서 다양한 취미와 여가를 즐기는 홈족의 소비 경제가 활발해지고 있다. 이들은 먹고 입고 노는 것을 모두 집에서 해결한다. 새로운 움직임을 읽을 수 있는 눈이 필요하다.

코로나로 인해 외식이 왠지 꺼려지지만 맛있는 요리를 먹고 싶어 하는 인간 본연의 욕구가 사라진 것은 아니다. 이에 대응해 시선을 조금만 바꿔보자. 요리사가 꼭 식당에서 근무하라는 법은 없다. 우리 집을 레스토랑으로 만들면 된다. 출장 요리사가 가정을 방문해 고급요리를 직접 만들어서 제공한다. 안전한 집에서 요리사가 직접 만들어주는 고급요리를 즐기는 것이다. 배달 서비스도 가능하다. 코로나가 한창 기승을 부릴 때 미국에서는 록다운으로 인해 이동이 제한됐는데, 이런 상황에서 많은 사람이 식당에 가지 않고 배달 서비스, 개인 요리사의 출장 요리 서비스로 소비의 방향을 바꾸었다. 특별한 이벤트가 있으면 집으로 요리사를 불러 만찬을 준비했다. 기념일이나 생일을 축하하기 위해 개인 요리사를 불러 식사를 했다. 결혼식은 화상

회의 시스템을 사용해서 온라인으로 진행하느라 피로연을 생략할 수밖에 없었지만 개인 요리사를 불러 가까운 가족, 친지, 친구와 친밀한 분위기 속에서 만찬을 즐기며 축하의 장을 마련했다. 이러한 트렌드는 포스트 코로나 시대에도 계속될 것으로 보인다.

미국에서 폭발적인 인기를 얻은 피트니스 플랫폼 펠로톤(Peloton) 역시 코로나 시대에 새로운 수요를 창출하고 있다. 펠로톤은 단순히 운동기구만 판매하는 회사가 아니다. 운동할 때 즐길 수 있는 콘텐츠를 함께 제공한다. 펠로톤 제품을 구입한 고객은 운동기구에 부착된 터치스크린을 통해 인기 트레이너와 함께 운동을 한다. 방을 어둡게 해서 실내 자전거 앞에 설치된 대형 화면으로 시야를 가득 채우면 집 안에서도 몰입해 운동을 즐길 수 있는 독자적인 세계가 만들어진다. 펠로톤은 몰입감과 연결감을 추구하는 소비자의 숨겨진 니즈에 착안한 새로운 서비스를 제공함으로써 코로나 시대에 인기 몰이를 하고 있다.

관광지나 지방에 있는 공유 하우스도 새로운 변신으로 수요를 창출하고 있다. 일본에선 공유 하우스를 매월 일정한 금액으로 이용할 수 있는 서비스가 등장했다. 다거점 공동생활 플랫폼 어드레스(ADDress)가 바로 그 주인공이다. 복잡한 대도시를 떠나고 싶어 하는 프리랜서나 크리에이터, 직장인, 요리사, 의사 등 다양한 직업의 사람들이 이 새로운 라이프스타일을 선택하고 있다. 여행자가 머무는 숙소가 아니라 자연과 더불어 여유로운 환경에서 일하는 텔레워크 장소로서 각광받고 있다. 재택근무하는 회사원이 바다 근처나 숲속 등 평상시와 다른 분위기 속에서 편안한 마음으로 업무를 처리할 수 있게 해준 것이다. 어드레스는 뉴노멀 시대의 새로운 라이프스타일을 추구하는 회원들을 대상으로 일본 전역으로 서비스를 확대하고 있다. 2021년에 전국에 3000개 거점을 마련하는 것을 목표로 하고 있다.

오후 2시에 영업을 시작해서 저녁 8시에 문을 닫는 이자카야(선술집)도 등장했다. 의료업계나 경비 업무처럼 심야 근무를 마친 사람이나, 재택근무로 인해 집에서 보내는 시간이 늘어나 평일 오후 이른 시간에 가볍게 술 한잔할 여유가 생긴 회사원들을 대상으로 탄생한 새로운 움직임이다. 집에 머무는 시간이 길어지고 외부에서 회식하는 횟수가 줄면서 직장인의 씀씀이에 여유가 생겼다. 집 주변에서 시간에 구애 받지 않고 편한 분위기에서 한잔할 수 있는 여유를 즐길 수 있게 된 것이다.

코로나로 인해 직격탄을 맞은 분야도 있다. 항공업계는 초비상이다. 290개 항공사를 대표하는 국제항공운송협회인 IATA(International Air Transport Association)에 따르면 코로나로 인해 수백 수천 명에 이르는 항공업계 종사자의 일자리가 사라질 위험에 처했다. 2020년 항공 트래픽은 2019년에 비해 66% 이상 줄어들었다. 이 같은 어려움을 타개하기 위해 항공사들은 다양한 상품을 선보이고 있다. 싱가포르항공은 급감한 수입을 만회하기 위한 노력으로 새로운 비즈니스를 시작했다.

도시국가라는 한계 때문에 국제선에만 의존해온 싱가포르항공은 코로나로 인해 국제선 운항이 전면 중단되면서 다른 나라 항공사에 비해 엄청난 타격을 받았다. 이 같은 난관을 타개하기 위해 싱가포르항공은 일등석과 비즈니스석에서 서비스하는 기내식을 집에서 주문해서 즐길 수 있는 'SIA@홈(SIA@Home)' 서비스를 선보였다. 기내에서 제공하던 정교한 테이블웨어와 고급 편의용품(Amenity)까지 제공하는 등 기내에서 서비스 받는 듯한 느낌을 그대로 살렸다. 2인을 기본으로, 와인 또는 샴페인까지 제공한다. 하늘을 날지는 않지만 A380기종 비행기 안에서 풀서비스를 받으며 기내식을 즐길 수 있는 '레스토랑 A380@창이(Restaurant A380@Changi)'도 주목받고 있다. 싱가포르항공 기장과 승무원들의 교육 장소를 견학하는 프로그램도 판매하고 있다. 가이드가 함께하며 설명해주고, 승무원 체험과 가상 비행 체험도 할 수 있다.

항공사들이 제공하는 무착륙 관광 비행 상품도 인기다. 탑승객을 태운 비행기가 다른 나라 영공까지 선회 비행을 한 뒤 착륙과 입국 없이 다시 출국한 공항으로 재입국하는 새로운 형태의 여행 상품이다. 해외여행을 갈 수 없는 상황에서 조금이나마 여행 기분을 느낄 수 있도록 고안한 상품이다. 진짜 해외여행의 경험과는 비교할 수 없지만 특별한 준비 없이 가벼운 마음으로 다녀올 수 있고, 외국 땅을 밟을 수는 없지만 국제 영공을 경유해서 착륙하기 때문에 면세점을 이용할 수도 있다. 무엇보다 큰 매력은 공항에서 탑승 수속을 하고 항공기에 탑승하면서 해외여행을 갈 때의 설레는 기분을 느낄 수 있다는 것이다.

승객들은 좁은 비행기 좌석에 앉아 시간을 보내야 하는 불편함을 감수하면서도 왜 이런 경험을 갈망하는 것일까? 해외여행을 못 가는 데 대한 대안을 제시하기 때문이다. 이처럼 소비자의 숨겨진 니즈를 찾아냄으로써 새로운 서비스를 제안할 수 있다.

코로나로 인해 해외여행이 제한되는 상황에서는 단순히 비행기를 타는 것 자체가 매력적인 요소로 다가온다. 특히나 해외여행이 일반적인 경험이 된 요즘 세대들에게는 더욱 그렇다. 이들은 외국 땅을 밟는 것은 물론 비행기를 타고 가는 여행의 전 과정을 즐긴다. 공항에 가면 비록 하는 일 없이 지루하게 기다려야 하더라도 뭔가 신나는 일이 기다리고 있다는 기대감으로 마음이 충만해진다. 평범한 일상에서 탈출하고자 하는 욕망이 여행의 매력을 더욱 키우는 것이다. 코로나로 인해 이런 욕구는 더욱 커졌다. 목적지까지 가는 것은 중요하지 않다. 목적지에 가는 것보다는 무엇을 타고 누구와 같이 가느냐가 더 중요하다. 이렇듯 여행으로 얻을 수 있는 경험을 일부나마 제공해 스트레스를 풀게 해줌으로써 코로나로 지친 사람들의 마음을 위로해주고 있다.

끊임없는 커뮤니케이션으로 자각되지 않은 니즈를 발견하라

포스트 코로나 시대 소비자 행동의 키워드는 3가지로 요약할 수 있다. 즉, '보호하고(Protect)' '즐기고(Entertain)' '연결하는(Connect)' 것이다. 소비자의 이러한 니즈에 맞춰 여기저기서 새로운 서비스와 상품이 등장하고 있다. 앞서 예시한 자택 레스토랑, 펠로톤, 공동생활 플랫폼, 항공사 이색 서비스 등은 이 3가지 키워드와 연결된 소비자의 숨겨진 니즈를 채워주는 코로나 시대의 새로운 서비스다. 이처럼 코로나로 인해 새로운 문화가 만들어지고 이전에는 없던 새로운 라이프스타일이 속속 등장하고 있다. 사람들의 잠재적 욕구에 응답하는 상품이나 서비스를 개발하면 새로운 수요가 생겨나는 법이다.

그런데 고객 스스로 이러한 욕구를 자각하지 못할 수도 있다. 소비자가 당면한 문제이면서도 자각하지 못하는 니즈를 파악해서 기대하지 못했던 새로운 제품이나 서비스를 제공하면 소비자는 매우 놀라면서 더욱 크게 호응한다. 이런 제품이나 서비스에 대한 소비자의 만족도는 급격히 높아지고, 시장에 대한 파급 효과 역시 빠른 속도로 커진다. 미처 자각하지 못한 고객의 욕구를 찾아 이를 해소해주는 아이디어를 선보이면 이를 바탕으로 새로운 시장이 탄생할 수도 있다.

마케터의 역할은 어떻게 하면 고객들의 삶을 더 쉽고 더 재미있고 더 편안하게 만들 수 있는지 고민하는 것이다. 고객의 숨어 있는 니즈와 더불어 자각되지 않은 니즈까지 파악해 그에 대한 솔루션을 제공하라. 이와 관련, 새로운 상품이나 서비스는 소비자의 문제를 해결하는 것이든 편의성을 높이는 것이든 제공하는 가치에 대해 더욱 명확해질 필요가 있다. 또한 고객들과 끊임없이 대화하면서 제품에 대한 경험이나 새로운 니즈를 더욱 구체적으로 파고 들어가야 한다. 소비자와 브랜드 사이에서 만들어지는 새로운 트렌드를 항상 주의 깊게 모니터링하는 자세가 필요하다.

소비자의 새로운 니즈를 찾아내는 데 있어 중요한 포인트는 소비자의 신뢰를 얻기 위해 끊임없이 노력해야 한다는 것이다. 소비자는 진정 자신들을 위해 서비스를 제공하고 있다는 것을 느낄 때 기업과 신뢰 관계가 형성되고 관계를 계속 유지한다. 이렇듯 긴밀한 관계 속에서 소비자의 숨어 있는 니즈를 발견하는 선순환이 이뤄진다.

지금은 마케팅과 디지털 기술의 공생 시대

소비자의 새로운 니즈를 발견하고 이에 대응하는 새로운 서비스를 개발하는 데 있어서 간과해서는 안 될 문제가 있다. 디지털 기술이다. 지금은 디지털 트렌스포메이션 시대다. 인공지능(AI), 사물인터넷(IoT), 빅데이터, 4차 산업 VR(Virtual Reality) 등 다양한 디지털 기술을 바탕으로 한 신규 비즈니스가 창출되고 있다. AR(Augmented Reality)과 VR은 전자상거래(이커머스)에 적극 도입돼 소비자가 제품을 구매하기 전

체험 과정에 더욱 몰입할 수 있게 만들어준다. 소셜 미디어, 검색엔진 마케팅, 전자상거래의 폭발적인 성장으로 마케터는 디지털화의 효과를 톡톡히 누리고 있다. 코로나로 인해 이동이 제한되면서 디지털 기술 활용은 더욱 가속화되고 있다. 마케팅에 디지털 기술을 활용하는 것이 당연한 시대가 되었다. 이런 상황에 적응하려면 마케터는 디지털 기술과 더욱 친숙해질 필요가 있다. 마케팅과 디지털 기술의 공생 시대가 도래한 것이다.

흔히 마케팅은 과학과 예술의 결합이라고 한다. 마케팅 관련 의사결정은 데이터에 근거한 합리적인 판단과 틀을 깨는 창조적 혁신을 요구하는 예술적인 감각이 결합되어 이뤄진다. 최근 한 조사에 의하면 창의적인 생각과 아이디어를 바탕으로 우뇌에 의존하던 마케팅 의사결정이 점점 더 창조적 발상(우뇌)과 논리적인 사고(좌뇌)의 균형을 바탕으로 한 의사결정으로 옮겨가고 있다고 한다. 최근의 트렌드를 살펴보면 논리적인 사고의 밑바탕에 디지털 기술이 깔려 있다. 창조적 발상보다 디지털 기술에 더욱 의존하는 마케터도 증가하는 추세다. 이 같은 추세에 발맞춰 점점 더 많은 기업이 기술 중심 마케팅(Technology-driven Marketing)을 구사하고 있다.

날로 새로워지는 디지털 기술을 브랜드와 제품에 적용하기 위해서 마케터는 지금보다 더 디지털 기술에 대한 깊이 있는 이해와 시장 및 고객에 대한 상세한 정보를 갖춰야 한다. 여기서 중요한 것은 디지털 기술을 통해 얻은 데이터와 정보를 어떻게 효율적으로 활용하느냐 하는 문제다. 아무리 최신식 디지털 기술을 보유하고 있더라도 데이터 분석을 통해 마케팅 인텔리전스를 찾아내지 못하면, 그 기술을 제대로 활용하고 있다고 할 수 없다. 디지털 기술을 제대로 활용해서 제품과 서비스에 대한 소비자의 관여도를 더욱 높이는 것이 마케팅 성공의 열쇠다. 디지털 기술은 앞으로도 더욱 가파르게 진화할 것이다. 변화하는 기술의 최선두에 서서 조금이라도 기민하게 트렌드를 파악하는 것이 장기적인 관점에서 비즈니스에 성공할 수 있는 비결이다. 디지털 기술을 등에 업고 새로운 시장이 다가오고 있다. 이에 맞는 마케팅 전략이 절실하다.

코로나 아이러니

#장면 1: 코로나 바이러스가 극성이던 2020년 5월 인도의 한 병원에서 급성 백혈병 진단을 받은 다섯 살짜리 한국인 여자 아이가 도쿄를 경유해 귀국했다. 코로나 감염이 확대되면서 한국행 항공편이 끊긴 어려운 상황이었다. 그런 상황에서 현지의 한국 대사관과 일본 대사관이 협력해서 일본 항공의 임시편 좌석을 확보한 것이다. 일본 도쿄에 도착한 아이는 가족과 함께 대한항공 항공기로 갈아타고 한국으로 들어왔다. 병마로 고통받던 아이는 한일 양국의 연계 플레이

로 무사히 귀국해서 서울의 병원에서 한 달간 치료를 받은 뒤 완쾌되었다. 당시 한일 양국은 입국 금지에 준하는 사증 면제 중단 조치를 시행 중이었기에 한 아이의 생명을 둘러싸고 두 정부가 협력하는 모습은 크게 화제가 되었다.

#장면 2: 2020년 10월, 우리나라 사람들에게 관광지로 유명한 홋카이도[北海道]의 삿포로[札幌]에 재미있는 가게가 문을 열었다. 배달과 테이크아웃을 전문으로 하는 한국식 떡볶이 전문 가게가 그 주인공이다. 한국에서 체인점을 운영하고 있는 '봉가'의 일본 제1호점이 지방 도시에 오픈한 것이다. 도쿄, 오사카 같은 대도시에는 코리아타운이 있어서 한국 음식을 쉽게 맛볼 수 있는데 삿포로 같은 중소도시에는 한국 음식점이 흔치 않아 늘어나는 한국 본토 음식에 대한 수요를 충족시키기 위해 문을 열었다고 한다. 한국에서 맛볼 수 있는 맵고 달콤한 진짜 떡볶이 맛을 일본 중소도시에서도 즐길 수 있게 된 것이다. 본고장 한국의 맛을 가정에서 즐길 수 있다고 삿포로 지역 TV 방송에도 소개될 정도로 뜨거운 관심을 모았다.

#장면 3: 드라마 〈사랑의 불시착〉이 인기를 끌며 드라마에 등장한 한국식 치킨이 일본에서 인기몰이를 하고 있다. 일본 대형 이자카야 체인점 와타미[和民]는 현재 몇몇 지점을 운영하고 있는 한국 치킨

브랜드 'BBQ 치킨'의 규모를 더욱 늘려서 2022년 3월까지 총 80개 점포를 운영할 계획이다. 2023년 3월까지 200개 점포를 목표로 점포 수를 점점 늘려갈 계획이다. 그 대신에 코로나로 어려움을 겪고 있는 와타미의 기존 사업 분야인 이자카야 수는 점점 줄여갈 예정이다. 한국에도 진출해 인기를 끌고 있는 일본을 대표하는 이자카야 와타미가 BBQ 치킨으로 점점 바뀌어가고 있는 것이다.

#장면 4: 코로나에도 불구하고 BTS로 대표되는 일본의 3차 한류 열기는 식을 줄 모른다. 젊은층을 중심으로 K팝과 한국 드라마, 화장품, 음식, 인테리어 등 생활 문화가 깊게 퍼져 나가고 있다. 과거에는 전통적인 미디어에 의해 정보를 습득하고 공유, 확산했으나, 이제는 소셜미디어 같은 인터넷 기반 플랫폼을 이용하는 특색을 보인다. 이들 젊은층은 기성세대와 달리 과거의 편견에 휩싸여 한국을 바라보지 않고 한국을 동등한 위치에 놓인 하나의 국가로, 더 나아가 동경하는 국가로 인식하기 시작한 첫 번째 세대다. 문화를 매개체로 한국을 이해하는 일본의 신세대를 통해 양국 관계가 새롭게 정립될 가능성이 싹트고 있다. 향후 정치와 경제 등 모든 면에서 막대한 영향을 끼칠 것으로 기대된다. 코로나가 확산되면서 사람간의 교류는 중단되었지만 정보의 교류는 더욱 활발해지고 있다.

최근 일본에서 한국에 관심을 보이는 여성층이 증가하고 있어 눈길을 끈다. 세계적인 규모의 숙박 예약 사이트인 Booking.com의 조사에 의하면 일본인들은 코로나가 정상화된 이후 가장 가고 싶은 나라로 한국을 꼽았다. 이어서 방콕, 호놀룰루, 타이페이, 그리고 파리가 뒤를 이었다. 수년간 지속적으로 한일 관계가 악화되면서 얼마 전까지만 해도 대만이 가장 인기 있는 여행지였는데, 그 순서가 바뀐 것이다.

변화는 한국에서도 일어나고 있다. 2019년, 한국과 일본 양국 사이에서 벌어진 정치 외교 문제 등으로 한일 관계가 악화되면서 아시아 여행지 부동의 1위를 차지하던 일본은 태국과 베트남에 그 지위를 내주었다. 하지만 〈여행신문〉이 조사한 바에 따르면 2년이 지난 지금, 포스트 코로나 이후 희망하는 아시아 여행지로 일본이 1위를 탈환했다. 이처럼 한일 관계가 교류의 방향으로 꿈틀거리고 있다.

우리나라와 일본은 여러가지 면에서 상이한 점이 있지만 비슷한 점이 많은 것도 사실이다. 코로나 대책을 살펴봐도 공통점이 있다. 두 나라 모두 유럽, 미국 같은 강제적 도시 봉쇄를 시행하지 않았고, 사회적 거리 확보 등 국민의 의식을 높이는 방역을 기본으로 택했다. 현재 두 나라 정부간 의사소통은 조금 막혀 있는 상태이지만 문화 정보의 교류는 억지로 막을 수 있는 것이 아니다. 코로나로 인한 패닉이 해소되고 나면 두 나라의 교류가 활성화되지 않을까 조심스레 기대되는 이유다. 두 나라간 교류가 재개되면 단지 관광과 한류 같은 문화적인 교류만이 아니라 기업을 중심으로 한 경제 분야의 교류도 활발하게 진행될 것이다.

책을 집필하면서 특정 국가에 국한하지 않고 다양한 나라의 사례를 담으려고 애썼다. 다만 필자가 현재 일본에 거주하고 있기 때문에 아무래도 일본 사례가 비교적 많이 반영된 면이 있지만, 일본 기업을 의식해서 연구를 진행한 것은 아니다. 지리적으로 한국과 가깝고 문화적으로 밀접하게 연결된 일본을 포함한 본서에서 소개되는 다양한 마케팅 사례는 마케팅 관련 실무에 종사하고 있는 사람에게 많은 참조가 될 것이다.

마지막으로, 이 책은 끊임없이 변화하고 있는 브랜드와 소비자의 관계를 관찰하면서 코로나 이후 등장할 새로운 마케팅 방향을 제안하고자 쓰였다. 빠르게 가속화되고 있는 디지털 기술에 기반을 둔 마케팅인 '디지털 트렌스포메이션 마케팅' 시대를 맞이해서 전대미문의 코로나 사태로 새롭게 생겨난 소비자의 일상이 업데이트되고 있다. 디지털 기술과 코로나 사태로 새롭게 생겨난 문화는 서로 분리된 개념이 아니라 현 시대를 관통하는 하나의 흐름이다. 코로나로 부각된 언택트 문화는 디지털 기술에 힘입은 바 크고, 디지털 기술은 코로나로 인해 우리 생활에 더욱 깊이 영향을 미치게 되었다. 이 책에서 소개되는 다양한 사례 및 방향 제시를 통해 시대에 적절한 새로운 흐름을 짚어보고 이를 어떻게 응용할 지 생각해 보는 계기가 되길 바란다. 마케팅에 관심이 있는 비즈니스 관계자만이 아니라 마케팅을 공부하는 학생들도 이해하기 쉽게 기술하였다. 그간 학교에서 배웠던 이론이 현실에 어떻게 적용되는지, 문제점은 무엇인지 좋은 시사점이 되어 줄 것이다.

차례

DX2.0

Digital Transformation Marketing

1장

DX 2.0으로
환승하라

DX에 마케팅을 더하라

분명한 것은, 변화하는 것은 기술이 아니다.

기술이 당신을 변하게 한다.

제니 로스(Jeanne W. Ross) , MIT 경영대학원 수석 연구원

'디지털 트랜스포메이션(Digital Transformation)'이라는 말이 여기저기에서 들린다. 흔히 DX라고도 한다. (DT라고 하는 경우도 있지만 이 책에서는 더 일반적으로 사용되는 DX로 통일하겠다.) 기업체, 관공서, 학계, 의료기관 등 분야를 불문하고 뜨거운 이슈로 등장해 하나의 유행어가 되었다.

DX라는 용어는 2004년 스웨덴의 에릭 스톨터만(Eric Stolterman) 교수에 의해 처음으로 등장했다. 스톨터만 교수는 정보기술(IT)이 인간

생활의 모든 면을 좀 더 좋은 방향으로 변화시키고 있다고 봤다. 과거에는 정보보다 물질을 신뢰했지만 디지털 기술의 발달로 현재는 물질보다 정보를 더 신뢰하는 시대가 되었다. 비즈니스 모델은 물론 업무 방식, 기업의 조직, 문화, 풍토까지 개선해 경쟁우위를 확보할 수 있다. 또한 디지털 기술을 활용하면 기존 가치관에 얽매이지 않는 기술 혁신이 가능하다. 기존 사업이 제공하는 고객에 대한 가치를 개선하고, 이에 유리하도록 조직 운영 체계를 최적화할 수 있다. 이를 바탕으로 경쟁사들이 제공하지 못하는 새로운 형태의 사업, 서비스 모델을 개발해서 차별화된 고객 서비스를 제공할 수 있다.

결과적으로 DX는 일련의 '기업 혁신'으로 연결된다. DX가 조직 경영의 만병통치약은 아니지만 현대 사회의 거의 모든 분야에서 비켜갈 수 없는 흐름임은 분명하다. 하지만 디지털 기술을 활용한다고 해서 위에서 말한 모든 내용이 무조건 실현되는 것은 아니다. 성공적인 DX를 위해서는 무엇이 필요한지 고찰해보자.

마케팅 DX 시대, 인간의 생활을 이롭게 하라

미국 마케팅협회는 마케팅을 다음과 같이 정의한다.

마케팅이란 고객, 클라이언트, 파트너, 그리고 넓게는 사회를 위해

가치 있는 제공물을 창출하고 커뮤니케이션하고 전달하고 교환하기 위한 활동이자 제도의 집합이며 프로세스다.

마케팅의 개념이 넓어지고 있다. 마케팅을 더 이상 기업 활동 중 4P(제품Product, 가격Price, 유통Place, 판촉promotion을 말한다)로 대표되는 제품 개발, 판매 같은 일부 업무만 지칭하는 좁은 개념으로 생각해선 안 된다. 고객의 범위도 확대됐다. 기업의 상품과 서비스를 구매하는 소비자에 국한되지 않는다. 마케팅은 사회 전체에 가치를 제공하기 위한 프로세스를 정립하는 과정에서 이뤄지는 모든 활동을 지칭한다고 봐야 한다.

마케팅과 DX는 둘 다 사회 전체를 대상으로 새로운 가치를 제공해서 인간 생활을 이롭게 한다는 점에서 유사하다. 또한 마케팅과 DX는 상호보완적이다. DX가 성공하기 위해서는 마케팅 개념의 도입이 요구되고, 마케팅이 더욱 고도화되기 위해서는 DX가 필수다. 이 둘이 적절히 결합되었을 때 시너지 효과는 극대화된다.

마케팅 DX는 마케팅에 초점을 맞춰 업무, 조직, 기업, 소비자, 사회의 변혁을 일으키는 것을 목적으로 한다. 이를 실현하기 위해 디지털 기술을 이용해 조직의 변화를 추진하는데, 그 중심에는 마케팅이 있다. 마케팅 기능이 중심이 되어서 디지털 기술을 적극 활용하면서 기업이나 사회를 변혁시키는 전체적인 과정을 바로 DX 2.0이라고 한다.

기업들이 최초로 적용한 DX는 백오피스와 관련된 부분이었다. IT 기술을 업무 개선에 활용한 것이다. 디지털 기술에 마케팅 개념이 반영되지 않은 DX 1.0 시대의 개념이라고 할 수 있다. 재고 관리, 급여, 회계 같은 사내 업무를 처리하기 위한 소프트웨어 솔루션인 전사적 자원 관리(Enterprise Resource Planning, ERP)가 등장해 사무 영역의 혁신을 이끈 지 얼마 지나지 않아 고객 데이터 관리를 돕는 고객 관계 관리(Customer Relationship Management, CRM) 개념이 유행했다. 이 2가지 솔루션은 비용을 효율적으로 절감하는 등 기업의 내부 통제를 개선하는 데 큰 역할을 했다. 대면 회의가 온라인 화상 회의로 바뀌고, 종이 자료 대신 디지털이나 클라우드를 활용하게 된 것도 DX 1.0의 대표적인 성과다. 이 시대에 DX는 곧 IT라는 인식이 강했다. 최근 코로나의 영향으로 대면 접촉이 기피되면서 DX 1.0은 거의 강제적으로 급속히 진행되고 있다.

DX1.0을 넘어 DX 2.0의 시대가 열렸다. DX 2.0은 마케팅 개념을 바탕에 깔고 DX를 실현하는 것을 의미한다. 다시 말해, DX에 마케팅 개념이 추가되어 이 둘이 결합해서 시너지 효과를 내고 있는 시대다. DX 1.0이 내부 지향적이라면 DX 2.0은 외부 지향적이다. 마케팅의 시작점인 고객에게 집중하고 고객을 모든 의사결정의 중심에 둔다. 점점 다양해지고 높아지는 고객의 기대에 부응하기 위해서는 마케터가 모든 방면에 적극적으로 개입해야 한다. 마케팅 관점이 결여된 DX는 성과를 내지 못해 실패로 끝날 수밖에 없다. DX 2.0이 주목받는 이유다.

DX에 있어서 마케팅 관점이 중요한 또 하나의 이유로 데이터의 활용을 들 수 있다. 사회의 동향과 소비자의 니즈를 철저하게 파악하기 위해서는 데이터에 기반한 토론과 소비자 조사 분석을 적극적으로 활용해야 한다. 마케터의 단순한 경험이나 감 또는 용기가 아니라 데이터에 근거해서 과학적인 방향으로 의사결정이 이루어져야 한다. 마케팅적으로 해결해야 할 과제를 발견하기 못한 상황에서 디지털화를 추진하면 DX는 성공할 수 없다. 성공의 핵심은 데이터에 기반을 둔 고객 관점의 마케팅이다. 마케팅의 바탕을 둔 DX, 그것이 바로 DX 2.0이다.

마케팅 DX는 이를 추진하는 주체의 의지와 행동, 추진력이 절실히 요구된다. 진정한 DX의 '트랜스폼(Transform)'은 '형태(form)'를 '넘어서(Trans)'는 것을 의미한다. 기업 입장에서 보면 비즈니스 모델이 변하는 것, 즉 변혁을 의미한다. 트랜스포메이션(Transformation)은 이노베이션(Innovation)보다 더 포괄적인 의미를 갖는다. 단순히 새로운 수법을 채용해 사업을 추진하는 것에서 한 발 더 나아가 비즈니스상의 변혁을 도모해야 한다. DX는 스톨터만 교수의 정의처럼 궁극적으로 모든 면에서 변화를 야기한다. 기업 활동의 변화를 넘어서 인간의 모든 생활 영역에 영향을 끼치며 사회 전반적인 변화를 일으킨다. 진정한 DX를 달성하기 위해서는 3가지 중요한 사항이 고려되어야 한다. 첫째, 디지털 도입이 먼저가 아니다. 그것을 위한 기업 조직의 전환이 선행되어야 한다. 둘째, 일부 업무 영역만 변화시키는 게 아니라 기업의 비즈니스 모델 전체를 개혁하려는 자세가 필요하다. 마지막으로 DX를 통해 기업은 물론 사회, 그리고 삶을 근본적으로 변화시켜야 한다.

	DX 1.0	DX 2.0
업무 영역	IT 활용 및 실행	IT를 활용한 기업 또는 마케팅 활동
초점	기술 중심의 내부 지향	고객 중심의 외부 지향
주관 부서	IT 부문	마케팅 부문 (또는 전사)
최종 목표	시스템 활용으로 인한 업무 개선	비즈니스 프로세스 개선

· · · DX 1.0과 DX 2.0의 차이

아식스, 새로운 편리함과 가치를 생산하다

마케팅을 기반으로 한 DX 2.0을 적극적으로 추진하고 있는 기업이 있다. 일본의 대표적인 신발 메이커 아식스(asics)가 그 주인공이다. 최근 아식스는 내장 센서를 통해 소비자가 달리는 방법을 분석해주는 상품을 선보였다. 운동화 바닥의 움푹 파인 곳에 무게 20그램 정도 되는 소형 센서를 삽입해 데이터를 수집한다. 이 데이터를 분석해 그 결과를 스마트폰 앱을 통해 실시간으로 달리는 사람에게 전달한다. 마치 코치가 옆에서 함께 달리고 있는 것 같은 효과를 내는 것이다. 착지

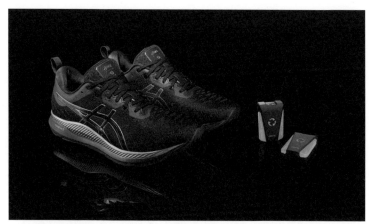

・・・ 센서가 내장된 아식스의 신제품 '에보라이드 오르페(EVORIDE ORPHE)'. 운동화가 코치가 된다.
출처 : 아식스 제공

시 충격 정도, 발이 땅에 닿는 시간, 달릴 때 발의 경사, 보폭 등 다양한 데이터를 수집, 분석해서 신체에 주는 부담을 최대한 줄이면서 달리는 방법을 실시간으로 알려준다.

아식스는 모든 측면에 디지털 기술을 적극 활용하고 있다. 진정한 마케팅 DX, 즉 DX 2.0을 실행하고 있는 것이다. 먼저 신제품 개발에 디지털 기술을 적극 활용한다. 아식스는 지금까지 매장에서 고객의 3차원 발 이미지를 측정해서 이미 100만 명 이상의 데이터를 축적했다. 여기에 이번에 출시한 신상품을 통해 수집할 착지 시 충격 등 새로운 데이터를 추가함으로써 고객 각자의 달리는 방법과 발 형태에 맞춘 신발을 선보일 수 있을 것이다. 고객에게 일정 기간 신발을 빌려준 후 수집된 데이터를 활용해 각각의 소비자에게 최적화된 오

더 메이드 신발도 생산할 계획이다. 이처럼 기술과 데이터가 신제품 개발 등 마케팅을 선도하는 마케팅 DX 시대다.

아식스는 앞으로 선보이는 모든 신발에 센서를 부착할 계획이다. 이 센서를 적극 활용해서 제품을 판매한 이후에도 고객과의 접점을 계속 유지하면서 수익으로 연결시킬 수 있을 것으로 기대하고 있다. 스마트폰 앱과 연동시키면 미아 방지에도 활용할 수 있고, 걷는 방법을 개선해서 고령자의 부상을 방지할 수도 있다. 수집한 데이터를 활용한 업무 제휴도 가능하다. 이와 관련, 아식스는 카시오와 공동으로 웨어러블 기기를 개발해 올해 안에 출시할 계획이다. 이렇게 수집한 운동 이력을 바탕으로 식단을 제안하는 서비스를 슈퍼마켓과 공동으로 개발하는 것도 준비 중이다. 의료, 건강 분야와도 제휴할 수 있다. 걷는 방법의 변화를 실시간으로 분석해서 질병의 징후를 조기에 탐지할 수도 있다. 축적된 데이터를 생명보험 가입 심사에 활용할 수도 있다. 이처럼 아식스는 디지털 기술을 마케팅 관점에서 적극적으로 활용해 기업 경영의 모든 면에서 DX 2.0을 추진할 계획이다. 센서가 부착된 신제품은 이 모든 것의 시작에 불과하다.

상품을 생산해서 판매하는 것으로 끝나는 마케팅의 시대는 마침표를 찍었다. DX 2.0 시대의 마케팅은 판매 전, 그리고 판매 후에도 계속 고객과 연결된다. DX는 마케팅, 더 나아가 비즈니스 전략과 밀접한 관계를 유지한다. 또한 인간 생활 깊숙이 침투해서 새로운 편리함과 가치를 창조하는 무한한 잠재력을 가지고 있다. 이런 것이 가능하기 위해서는 디지털 기술을 이해하는 마케터의 끝없는 노력과 아이디어 개발이 필요하다.

DX 2.0 시대에 도전하라

우리 모두는 불가능한 상황인 것처럼 잘 가장되어 있지만

실제로는 연속적인 커다란 기회를 맞이하고 있다.

찰스 스윈돌(Charles R. Swindoll), 목사

블루스타 버거, 숨겨진 니즈에서 새로운 가치를 찾다

햄버거를 좋아하는 일본 사람들에게 희소식이 있다. 품질 좋고 맛있는 햄버거를 저렴한 가격에 살 수 있는 가게가 문을 열었기 때문이다. 코로나가 극성을 부리던 2020년 11월에 선보인 블루스타 버거(Blue Star Burger)가 바로 그 주인공이다. 제1호점인 도쿄 메구로점은 미국 서해안 지역에서나 볼 것 같은 서구적인 외관을 가지고 있다. 인기 있는 가게라고 하기에는 의외로 한적한 느낌이다. 매장에 손님이

있는 것을 거의 볼 수 없기 때문이다. 고객들이 계속 가게를 드나들지만 앉아 있는 모습은 보기 어렵다. 이곳은 햄버거를 사전에 주문하고 픽업해 가는 테이크아웃 전문점이기 때문이다. 매장을 방문해서 햄버거를 픽업하기까지 1분도 채 걸리지 않는다. 투명한 유리창 너머 주방에 있는 스태프가 바쁘게 햄버거 패티를 굽고 있는 모습만이 이곳이 햄버거 가게임을 알려줄 뿐이다.

블루스타 버거는 조그마한 스타트업으로 시작한 작은 햄버거 가게에 불과하다. 거대한 시장 규모와 기존 대형 체인점 등을 고려하면 이 회사가 현재 시장에 미치는 영향은 매우 미미하다. 하지만 소비자들의 뜨거운 반응과 시장 잠재력을 생각하면 시사하는 바가 크다.

일본 햄버거 시장은 지금까지 가격이 저렴하지만 품질 면에서는 그다지 기대되지 않는 저품질 햄버거와 가격은 비싸지만 품질 면에서 만족스러운 고품질 수제 햄버거로 양분되어 있었다. 고품질 햄버거를 먹으려면 사이드 메뉴를 제외하고도 1000엔(약 1만 1000원) 이상 지불해야 해서 간단히 한 끼를 해결할 수 있는 메뉴의 대표격으로 꼽히는 햄버거치고는 비싼 게 사실이다. 당연히 가격 저항이 생길 수밖에 없다. 반면 패스트푸드점에서 판매하는 햄버거는 저렴하지만 무언가 부족하다는 느낌이 든다. 이 틈새를 파고들어 저렴하면서도 품질 좋은 햄버거를 제공하겠다는 것이 블루스타 버거의 기본적인 비즈니스 발상이다. 숨겨져 있는 소비자들의 만족되지 않은 니즈를 발굴해서 시장 세분화 전략을 충실히 활용, 새로운 시장을 개척한 사례다.

블루스타 버거의 저가격, 고품질 햄버거가 가능했던 것은 바로 IT 기술 덕분이다. 블루스타 버거는 100% 앱으로 운영된다. 전용 앱으로 주문하고 싶은 제품을 선택해서 결제하면 고객에게 접수번호가 발행되고 점포에 주문 정보가 날아간다. 그때부터 조리를 시작해서 햄버거가 완성되면 앱으로 통보한다. 이후 점포를 방문한 고객이 가게에 설치된 픽업 박스에서 상품을 꺼내 가는 완전 비대면 판매 시스템으로 운영되고 있다.

블루스타 버거의 가장 큰 경쟁력은 점포 규모다. 햄버거 가게를 운영하려면 일반적으로 30~50평 정도의 공간이 필요하다. 하지만 블루스타는 10평 정도의 공간만 있으면 충분히 점포를 운영할 수 있다. 장소 선택폭이 넓어지는 것은 물론 초기 투자 및 임대료 부담이 줄어든다. 픽업 전용이라서 홀이나 카운터도 필요 없다. 직원은 조리 가능한 3~4명이면 충분하다. 당연히 인건비를 절감할 수 있다. 사전에 예측한 수요에 맞춰 준비한 패티가 소진되면 그날 영업을 끝낸다. 현재 하루에 1000~1300개 정도로 수요를 보수적으로 예측하고 있다. 만들어진 햄버거는 100% 당일 판매를 전제로 해서 음식 폐기물을 줄인 것도 운영 비용을 절감할 수 있었던 요소 중 하나다.

이렇게 절감된 비용은 상당 부분 햄버거의 품질을 향상시키는 데 사용된다. 일반적으로 음식점 매출에서 재료비가 35%, 인건비가

30%, 임대료가 10% 정도를 차지하는데 블루스타 버거는 원재료비가 평균 50%를 넘어간다. 그만큼 양질의 햄버거를 서비스할 수 있다. 저렴한 가격, 뛰어난 품질이 뒷받침되면서 1호점이 개장한 지 몇 개월 안 됐지만 주문이 쇄도하는 등 반응이 뜨겁다. 현재 시범 운영 중인데, 시스템이 안정되는 대로 프랜차이즈 사업화할 계획이다. 10평 정도면 점포를 낼 수 있어서 전국적으로 2000개 정도 점포가 생길 것으로 블루스타 버거 측은 기대하고 있다. 매장 인테리어, 입지 조건, 초기 투자 비용 부담이 크게 줄어들고 비대면 운영이 가능한 등 자유도가 매우 높아 포스트 코로나 시대에 적합한 새로운 아이디어다. 맥도날드가 일본 전역에 2900여 개 지점이 있는 것을 생각하면 스타트업 기업으로서는 야심적인 목표다.

블루스타 버거는 고객 데이터를 적극적으로 활용해 고객과의 지속적인 커뮤니케이션을 유지할 것을 강조한다. 모든 주문을 앱으로 처리하다 보니 고객 데이터가 축적되는 동시에 고객의 반응을 실시간으로 파악할 수 있다. 이 같은 정보는 활용도가 매우 높다. 수집한 위치 정보와 주문 빈도를 바탕으로 열 지도(heat map)을 만들어 성공률이 높은 신규 매장 오픈 장소를 선정할 수 있다. 주문 실적이 많은 날, 인기 메뉴를 예측해 재고, 점포 상태를 최적화할 수 있다. 이처럼 IT 기술을 활용한 새로운 마케팅에서 고객 데이터의 효율적인 활용은 필수적인 요소다. 블루스타 버거 역시 시스템 고도화에 전념해 다양

• • • 블루스타 버거의 첫 매장인 도쿄 메구로점. 주문부터 결제, 상품 인수까지 무인으로 이뤄져 코로나 시대에 인기몰이를 하고 있다.
출처 : 블루스타 버거 제공

한 고객 정보를 깊이 있게 수집하고 있다.

블루스타 버거의 사례는 마케팅에 기초를 둔 디지털 트렌스포메이션 전략, 즉 DX 2.0을 잘 소화해낸 포스트 코로나 시대에 적합한 새로운 비즈니스 모델이다. 디지털 기술을 적절히 활용해서 철저히 마케팅의 시각으로 고객의 니즈를 분석해 탄생한 새로운 비즈니스 모델은 앞으로도 계속 등장할 것이다. DX 2.0 마케팅에 기반한 신규 비즈니스는 이미 대세를 이루고 있다. 블루스타 버거는 이미 성숙할 대로 성숙해져 경쟁이 치열한 햄버거 시장에서 코로나로 인한 비대면 거래가 일상화된 환경에 주목해 새로운 니즈를 발굴하고 이를 IT 기술과 관련지어 새로운 시장을 개척하는 데 성공한 사례다. 저가격, 고품질로 햄버거 시장에 도전장을 내민 블루스타 버거, 10년 후 블루스타 버거와 맥도날드의 운명이 엇갈려 있지는 않을까?

시세이도, 인간적 접촉과 디지털의 최적 융합은 무엇인가?

일본 최대 화장품 회사인 시세이도 역시 코로나 여파로 고전하고 있다. 2020년 8월 시세이도는 매출이 전년 대비 34.4% 감소해 99억 엔의 영업 적자를 기록했다고 밝혔다. 중국 등 외국인 관광객의 급감으로 인한 인바운드 소비 축소, 외출과 대인 접촉 자제로 인한 국내 소비자들의 수요 감소가 그 이유로 꼽힌다.

일본의 화장품 유통 구조를 살펴보면 고가 화장품의 경우 백화점을 중심으로 한 전문점에서 주로 판매되고, 중저가 화장품의 경우 드러그스토어, 마트 등에서 판매가 이뤄지고 있다. 전자상거래에 의한 판매는 다른 제품군에 비해 매우 부진한 편이다. 2019년 일본 경제산업성의 자료에 따르면 가전 33%, 가구 23%에 비해 화장품의 전자상거래 판매율은 6%로 매우 저조하다.

그런데 코로나로 인해 오프라인 매장을 활용한 고객과의 대면이 힘들어지면서 화장품 판매 방식의 대전환이 요구되고 있다. 이런 위기 상황을 타개하기 위해 시세이도는 디지털 기술을 활용한 사업 모델의 전환, 즉 DX에 나서겠다고 본격적으로 선언해 그 귀추가 주목된

・・・ 2020년 긴자에 오픈한 시세이도 글로벌 플래그십 스토어. 디지털 기술을 적극 활용해 직원 없이도 고객 응대가 가능하다.
출처 : 저자 촬영

다. 140년 전통의 역사와 탄탄한 브랜드 이미지를 무기로 가지고 있는 시세이도가 어떤 디지털 전략을 구사할지 시장의 관심이 집중되고 있다. 시세이도는 우선 DX를 본격적으로 추진하기 위해 체제 강화에 나섰다. 외부 전문가를 CDO(Chief Digital Officer)로 영입해 DX추진부를 신설하는 등 DX를 제대로 추진하겠다는 분위기를 조성하면서 향후 3년간 100명 이상의 디지털 마케팅 전문 인력을 채용할 계획이다. 고객 접근 방법에서도 새로운 시도를 하고 있다. 온라인을 활용한 라이브 판매(One to Many), 카운슬링 접객(One to One)에 나서는 등 85년 역사를 가지고 있는 BC(Beauty Consultant)들을 디지털 영역으로 끌어들이고 있다. 그 결과, 시간에 구애받지 않고 야간에도 고객 상담에 응대할 수 있게 되었다. 화상회의 시스템을 활용해서 모니터 화면을 거울 삼아 버추얼 메이크업 서비스도 제공한다.

매장에서의 응대는 비접촉으로 운영한다. 고객은 매장에 설치된 모니터에서 상품을 선택한 후 컴퓨터 단말기의 전용 손목 밴드를 터치해서 상품을 등록한 후 구매한다. 모니터를 통해 촬영한 고객의 피부 사진을 바탕으로 시스템이 그에 맞는 파운데이션 등 화장품을 추천해준다. 그러면 기기에서 샘플이 고객의 피부에 분사되어 테스트해볼 수 있다. 이처럼 매장에서 점원이 고객의 피부에 접촉하지 않고도 충분히 상품을 설명할 수 있다.

시세이도는 이미 몇 년 전부터 소비자의 피부 데이터를 기반으로 한 사물인터넷을 활용해 미용액, 화장수 등 개개인에게 맞는 화장품을 제안해왔다. 스마트폰 전용 앱을 활용해 그날의 피부 상태를 측정하고 분석 결과를 바탕으로 어떠한 케어가 필요한지 판단해 전용 기기가 고객에게 적합한 피부 케어 방법을 제안하는 식이다. 지금까지의 미용 컨설턴트가 해온 스킨 케어에 대한 조언을 IT 기술로 재현한 것이다. 이를 통해 브랜드와 소비자 사이에 지속적인 접점을 형성하고, 더욱 중요하게는 소비자의 데이터를 축적할 수 있다.

코로나를 계기로 기업들의 디지털 기술 활용은 더욱 가속화되고 있다. 시세이도는 2020년 7월 코로나로 어려운 상황인데도 도쿄 긴자에 글로벌 플래그십 스토어를 오픈했다. 이곳에선 브랜드 세계관을 반영해 최신 테크놀로지와 휴먼 터치가 융합된 미의 체험이 가능하다. 방문객이 코로나로 인한 불안감에서 벗어나 충분히 체험하고 긍정적인 경험을 하고 돌아갈 수 있도록 다양한 방역 대책을 갖춰놓은 것이 눈에 띈다. 이를 위해 비접촉에 의한 셀프 구매, 비접촉형 카운슬링, 오프라인과 온라인을 연계한 버추얼 스토어 같은 새로운 방식이 도입됐다. 뉴노멀 시대에 맞는 미의 체험이 가능한, 온라인과 오프라인을 융합한 최신 공간이라고 할 수 있다.

시세이도는 미를 통해 사람과 사람을 연결하는 회사다. 그러나 지금까지 의존해왔던 고객과의 직접 접촉에 의한 접객 방식을 과감히 버리고 디지털로 가능한 것은 무엇이든지 바꾸겠다고 전사적인 결단을 내리고 DX 선언을 했다. 이를 위해 2023년 디지털 광고비를 90% 이상으로 늘리고 전자상거래 판매율을 25%로 제고하겠다는 공격적인 목표를 세웠다. 시세이도는 DX를 기반으로 한 소비자의 새로운 경험과 가치의 창출을 지향한다. 시세이도는 인간적인 접촉과 디지털의 최적 융합이 무엇인가 질문하고 그 답을 모색하고 있다. 어려운 시기에 움츠러들지 않고 공격적으로 나서 포스트 코로나 시대에 활발하게 되살아날 화장품 시장의 수요를 겨냥하고 있는 것이다. 현재 어려운 환경에 직면해 있지만 DX의 구현을 통해 위기를 돌파하려고 시도하는 시세이도의 5년, 10년 후 모습이 궁금하다.

그랩, 시장을 읽는 눈을 길러라

코로나로 인해 전 세계적으로 차량 호출 서비스(Ride-hailing services)가 큰 타격을 받고 있다. 사람들이 외출, 이동, 관광을 자제하기 때문이다. 싱가포르, 캄보디아, 인도네시아, 말레이시아, 미얀마, 필리핀, 태국, 베트남 등 동남아시아 8개 국에서 비즈니스를 전개하고 있는 그랩(Grab)도 예외는 아니다. 그랩은 2012년 차량 호출 서비스를 시작한 '동남아의 우버(Uber)'로 불리는 회사다. 동남아 여행을 가본 사람이라면 누구나 한 번쯤 그랩의 서비스를 이용해봤을 것이다. 앱으로 목적지를 지정하면 가장 가까이 있는 기사가 배치되고 요금을 미리 알려준다. 동남아 여행의 골칫거리였던 일명 바가지 요금을 걱정하지 않아도 된다. 그랩의 창업자이자 CEO인 앤서니 탄(Anthony Tan)은 코로나로 인해 지금까지 8년간 회사를 경영해오면서 가장 큰 위기를 겪고 있다고 털어놓았다. 코로나로 인해 이동 제한이 본격적으로 시작된 2020년 3~4월 이후 급격한 하락세가 나타난 것이다.

하지만 그랩은 이에 움츠러들지 않고, 차량 호출 서비스는 급격하게 줄었어도 소비자의 온라인 구매가 증가한 데 따라 배달 수요가 폭증하는 움직임에 주목했다. 그랩은 이 기회를 놓치지 않았다. 각국에 봉쇄 조치가 내려졌을 때 동남아 6개 국 차량 운전자 14만 9000명을 배달 서비스에 재배치한 것이다. 기존 앱이 차량 호출과 더불어 배달 서비스도 가능하게 개발되어 있었기에 빠른 적응이 가능했다. 덕분에 운전자들은 일자리를 잃지 않고 계속 생계를 유지할 수 있었다. 뿐만 아니라 폭증하는 배달 수요에 대응하기 위해 기존 그랩 운전자뿐만 아니라 코로나로 인해 생계의 위험에 놓인 다른 운전자들까지도 끌어들이며 호황을 누리고 있다.

그랩은 또한 코로나로 인해 제품을 고객에게 전달할 새로운 채널을 필요로 하는 소상공인에게서 새로운 니즈가 발생한 데 착안해 소상공인 대상 가맹점 서비스를 선보였다. 서비스를 개시한 지 두 달 만에 8만여 소상공인이 그랩이 제공하는 플랫폼에 가입하는 등 호응도 뜨거웠다. 온라인 거래에 익숙하지 않아서 거의 대부분 현금 결제 방식으로 일해온 소상공인들을 위해 디지털 지불 수단 서비스를 제공해 이용자의 편의를 제고하는 등 적극 대응하고 있다.

차량 호출 서비스로 시작했으나 코로나라는 변화와 위기의 시기에 능동적으로 대응하면서 배달 서비스로 사업 영역을 확대하고 최근 그랩 파이낸셜(Grab Financial)을 출시하며 금융 분야에까지 진출하는 등 그랩은 사업 영역을 다각화하고 있다. 향후 비대면 서비스가 자리 잡으면서 디지털 금융이 더욱 확대될 것으로 전망한 데 따른 것이다. 그랩은 배달에 따른 간편결제를 넘어서 보험, 소액 대출, 인터넷 전문 은행, 자산 관리 서비스 등 금융 서비스 영역을 더욱 확장할 계획이다.

그랩은 코로나라는 위기 상황에 신속하게 대응하고 새로운 니즈를 발굴해 위기를 기회로 전환했을 뿐 아니라 소상공업자들을 새로운 고객으로 맞이하면서 금융 분야에 이르기까지 사업 영역을 확대하는 등 사업을 성공적으로 이끌어가고 있다. 시장을 제대로 읽으면서 고객의 니즈를 파악해 이를 DX에 시의적절하게 접합해 비즈니스를 성공적으로 확대한 것이다. 시대에 맞는 DX 2.0의 모범 사례다.

DX 2.0 시대, 체험의 새 지평을 열어라

'오프라인 인쇄 아니면 디지털 인쇄'처럼 오직 한 분야만 살아남는 것이 아니다.

우리는 하이브리드 시대에 살고 있다. 그리고 가까운 미래도 하이브리드다.

로빈 슬로안(Robin Sloan), 미국 소설가

코로나는 엔터테인먼트 업계에 커다란 충격을 안겨주었다. 대형 콘서트나 공연 등 모든 옥외 이벤트가 중지되었기 때문이다. 그 대안으로 온라인 플랫폼이 떠오르고 있다. 태국 방콕에서 2020년 5월 7일 실시된 온라인 음악 페스티벌 '톱 히트 타일랜드(Top Hit Thailand)'는 화상 시스템을 활용해 관객을 맞았다. 공연하는 모습은 물론 관객들의 반응을 실시간으로 스크린에 비춰 진짜 콘서트장에 와 있는 듯한 현장감을 즐길 수 있게 했다. 새로운 시도인 온라인 공연으로 3000명

· · · DX 2.0 시대, 온라인 라이브가 일반화되었다.
출처 : 셔터스톡

이상의 관객이 참가해 무려 여덟 시간 동안 집과 직장에서 음악을 즐겼다. 특이한 점은 관객의 절반 이상이 지금까지 콘서트장에 한 번도 가본 적 없는 사람이었다는 점이다. 지방 거주자나 나이 어린 관객, 그리고 외국에서도 접속했다. 이러한 온라인 이벤트가 현장에서 진행되는 진짜 공연을 대체할 순 없지만 기대 이상의 새로운 경험을 제공했다는 평가를 받았다. 이와 관련, 온라인의 특징인 쌍방형 커뮤니케이션을 활용해 어려움을 탈피하려는 음악업계의 새로운 도전을 응원하는 소리가 높아지고 있다.

온라인 콘서트, 쇼는 계속돼야 한다(Show must go on)

영화, 음악, 게임, 서적 등도 오프라인 매장에서 구매하지 않고 온라인으로 다운로드하는 경우가 늘고 있다. 닌텐도의 온라인 다운로드 매출은 매년 증가세를 보였는데, 코로나로 인해 그 추세가 더욱 가속화되었다. 네이버도 엔터테인먼트 콘텐츠를 더욱 확대할 계획이다. 이와 관련, 온라인 라이브 공연이나 웹툰 등을 앞세워 구미 시장을 개척하고 있다. 2020년 5월에는 한국의 인기 남성 그룹 슈퍼주니어의 온라인 라이브 공연이 이뤄져 전 세계에서 12만 3000명의 관중이 스마트폰이나 컴퓨터 화면에 집중했다. 비대면 시대의 도래로 네이버의 존재감은 더욱 높아지고 있다.

일본의 국민 밴드 서던 올 스타즈(Southern All Stars)는 2020년 6월 25일 요코하마에서 밴드 사상 처음으로 무관객 라이브 공연을 진행했다. 동영상 서비스를 제공하는 아메바(ABEMA) 플랫폼을 통해 생중계된 이 공연은 18만 명의 관객이 3600엔의 입장료를 기꺼이 지불하는 등 대성공을 거뒀다. 총 시청자 수는 50만 명에 이른다. 이러한 성공에 힘입어 2020년 12월 31일에도 신년맞이 온라인 공연을 성공리에 마무리했다. 유명 가수 나가부시 쓰요시[長渕剛]도 온라인 라이브 공연을 열어 10만 명의 관객을 동원했다. 미국 가수 빌리 아이리시(Billie Eilish)는 2020년 10월 전 세계를 대상으로 온라인 라이브 공연을 실시해 최첨단 영상을 구사한 연출이 좋은 평가를 받았다.

코로나 시대 라이브 공연의 하이라이트는 뭐니 뭐니 해도 BTS의 월드투어다. 유료 온라인 라이브를 강행하면서 연속적으로 흥행에 성공했다. 8주년 데뷔 기념 온라인 콘서트도 대박을 쳤다. 2021년 6월 13일부터 이틀간 열린 온라인 팬미팅 'BTS 2021 미스터 소우주'는 195개 국가에서 133만여 명이 시청했고, 최소 600억 원의 매출을 올렸다. 이처럼 온라인 라이브 공연은 고전하는 엔터테인먼트 업계의 구세주로 부상하고 있다. 코로나 이후에도 온라인 라이브는 공연 문화의 중요한 한 축으로 자리 잡을 것으로 보인다.

코로나 시대의 마케팅, DX로 고객을 찾아가라

회사에서 직원들에게 택배를 보낸다. 택배 박스에는 온라인 송년회를 위한 '회식 박스'가 들어 있다. 각자 집에서 카메라 앞에 모인 직원들, 박스에 들어 있는 음식과 각자 준비한 음료를 즐기며 온라인으로 함께 회식을 즐긴다. 이처럼 온라인 요소에 유대 의식이나 팀워크 등 오프라인의 장점을 접목시키는 아이디어가 속속 등장하고 있다. 재택근무로 인해 약화될 수 있는 커뮤니케이션을 보완하려는 시도다. 유튜브를 활용한 온라인 결혼식도 등장했다. 하객들은 화면으로 축하 메시지 등을 전달할 수 있다.

영화관 역시 변하고 있다. 한 자리씩 간격을 두고 떨어져 앉아야

해서 연인끼리 가더라도 원칙적으로 옆자리에 앉을 수 없다. 언제까지 이런 방식이 이어질지 알 수 없지만, 영화팬의 입장에서는 영화관 매출이 줄어들면 관람료를 인상하지 않을까 하는 걱정이 앞서는 것도 사실이다. 이와 관련, 주목받는 또 하나의 새로운 트렌드는 자택 영화관이다. 예전에 비해 자동차 극장이 인기가 높아졌다고는 하지만 이것과는 차원이 다르다. 영화관이 아예 안방으로 들어오고 있다. 넷플릭스 같은 OTT(Over The Top) 서비스가 인기를 끌고 안방을 영화관으로 개조할 수 있는 가정용 프로젝터 판매량이 급증하고 있다. 가정용 프로젝트는 배선도 복잡하지 않고 공간도 그다지 차지하지 않아서 침실 같은 비교적 좁은 공간에도 설치할 수 있다. 이에 따라 OTT 서비스를 통해 안방에서 대형 프로젝터로 영화 등 미디어 콘텐츠를 시청하는 인구가 늘어나고 있다.

수족관도 새로운 체험 방법을 선보이며 고객을 확보하려고 노력하고 있다. 코로나로 인해 관람객이 줄어 고심하던 수족관들은 온라인을 통해 고객에게 한 발 다가서려는 노력을 하고 있다. 금붕어 새끼를 가정으로 보내준 후 키우는 방법을 온라인으로 강의하는가 하면 수족관에서 물고기를 사육하는 모습을 동영상으로 보여주기도 한다. 이처럼 고객을 확보하기 위해 새로운 아이디어를 모색해 체험 방법에 있어서도 새로운 도전이 시작되고 있다.

온라인을 활용한 가상여행 상품도 등장했다. 희망하는 코스를 선택하면 가이드북, 참고 자료, 현지 토산품 등이 집으로 배달된다. 화상 회의 시스템을 활용해 현지인의 안내를 받으면서 현지를 산책하는 기분을 즐긴다. 코로나 이후의 진짜 여행을 위한 예행 연습이라고 할 수 있다. 의외로 집중도가 높아서 서비스를 이용한 고객들은 여행지에 대한 정보, 역사, 문화에 대한 이해가 더욱 깊어졌다며 만족감을 표시하고 있다. 여행은 반복이라고 한다. 가상공간을 활용한 예행 연습을 마치고 머지않은 시기에 몸으로 직접 체험하는 여행을 떠난다면 여행지에 대한 기억이나 추억이 마음에 더욱 깊이 새겨지면서 지금까지와는 차원이 다른 추억을 갖게 될 것이다.

축제를 즐기는 모습도 달라졌다. 요즘 우리나라에서도 젊은이들 사이에 핼러윈 문화가 많이 퍼져 있는데, 그 원조라 할 수 있는 미국에서 핼러윈은 매우 큰 축제다. 핼러윈 파티를 즐기다가 코로나 바이러스가 더 퍼지지 않을까 하는 우려의 목소리도 있지만, 너무 뿌리 깊은 전통이라서 핼러윈을 앞두고 많은 사람의 기대가 컸다. 이에 따라 사회적 거리를 유지하면서 핼러윈을 즐길 수 있는 아이디어가 많이 나왔다. 이른바 비대면 핼러윈 축제다. 예전에는 집 문을 두드리는 아이들에게 사탕을 나눠줬는데 이제는 대신 집 앞에 사탕 바구니를 두거나 탁자를 가져다 놓고 사탕을 늘어놓아 아이들이 와서 하나씩 가져갈 수 있게 했다. 집 앞에 긴 원형통(candy slide)을 설치해 사회적 거리를 유지하면서 아이들에게 사탕을 주기도 했다. 그 외에 줄에 유령

인형을 매달아 줄을 당기면 인형이 사탕을 전달하는 등 기발한 방법이 공유됐다. 화상 회의 시스템을 통해 친구들과 핼러윈 파티를 즐기거나, 핼러윈 무비 나이트를 즐기는 것도 하나의 방법으로 제시됐다.

한 단계 더 나아가 가상 시스템을 통해 핼러윈을 즐기는 방법도 있다. 일본 도쿄 시부야의 상징 스크램블 교차로는 한국의 이태원처럼 수십만 명의 젊은이와 외국인들이 모여드는 곳이다. 그러나 2020년에는 이곳에 몰려드는 대신 버추얼 시부야를 통해 핼러윈을 즐겼다. 버추얼 시부야는 스마트폰으로 이용할 수 있는 시부야 거리를 재현한 가상공간이다. 핼러윈 의상을 입은 자신의 아바타가 시부야 거리를 활보하면서 축제를 즐기고 다른 사람의 아바타와 교류할 수 있게 한 것이다.

장례식 풍경 또한 바뀌고 있다. 우선 조문객이 눈에 띌 정도로 줄었다. 지금까지 장례식은 많은 사람이 모여서 시끌벅적하게 치르는 모습이 당연했는데, 이제는 가족장으로 조용하게 고인을 애도하는 경우가 늘어나고 있다. 이렇게 단출하게 장례를 치르다 보니 친구나 지인들이 고인에게 이별을 고할 기회가 없어져 아쉬울 수도 있다. 그래서 등장한 것이 스마트폰을 사용한 동영상 중계 서비스인데, 원격으로 조문할 수 있다. 외국에 있어서 조문하러 오기 어려운 경우에도 스마트폰을 통해 간단하게 애도의 뜻을 전할 수 있다. 조화나 조의금도 온라인으로 보낼 수 있다. 장례식은 현장 중계되고 상주의 인사도 동영상으로 발신한다. 조문객이 고인과의 추억을 담은 메시지를 유족에게 전할 수도 있다. 장례식은 유족이 상실감에서 벗어나 하루 빨리 일상으로 돌아갈 수 있도록 도와주는 역할을 한다. 형식이 변하더라도 그 의미는 변하지 않을 것이다. 장례 문화가 앞으로 얼마나 더 변할지는 두고 볼 일이다.

종교 단체들 역시 코로나의 여파로 심각한 타격을 받았다. 일본의 절들도 마찬가지다. 여러 사람이 모여 법회를 가져야 하나 코로나 감염에 대한 우려로 대면 모임이 어려워진 탓이다. 그런데 일본의 절들은 코로나로 인한 스트레스 해소에 도움이 되는 좌선에 대한 관심이 높아지는 데 주목했다. 좌선을 하면서 복식호흡을 하다 보면 혈압이 내려가고 스트레스가 해소되는 효과가 있다는 연구 결과도 있다. 이런 분위기에 부응해 최근 인터넷을 활용한 온라인 좌선회를 개최하는 절이 늘어나고 있다. 역시 화상회의 시스템을 이용한다. 화면을 통해 스님이 지도하고 참가자들은 각자 집에서 좌선을 한다. 장소에 구애받지 않고 자동차 안에서 스마트폰으로 참가할 수도 있고, 사무실에서 잠깐 틈을 낼 수도 있다. 화면상으로 참가자들을 볼 수 있어서 연대감도 느껴진다. 코로나 이후에도 온라인 좌선회의 수요는 지속될 것으로 보인다. 온라인 시스템을 통해 일상생활에서 수시로 틈을 내 좌선하는 사람이 늘어나고 있기 때문이다.

하이브리드 이벤트, 현장과 온라인 두 마리 토끼 잡기

싱가포르는 컨벤션의 중심지다. 코로나가 대유행하기 전 MICE(Meeting, Incentives, Convention, Exhibition) 산업은 싱가포르 연간 총 생산의 1%에 상당하는 38억 싱가포르달러 정도의 경제 효과를 기록했다. 그러나 코로나로 인해 상황이 급속히 악화됐다. 이에 관련 업계는 국제회의 등 컨벤션 사업에 현지와 원격을 조합한 융합형 모델을 도입해 어려움을 극복하고 있다. 행사장을 방문하는 것은 물론 인터넷으로도 참가할 수 있는 하이브리드형 모델을 구축해 코로나 와중에도 국제회의의 허브로서 지위를 유지하고 있다.

글로벌 헬스케어 산업에서 가장 영향력 있는 리더들의 모임인 APACMed 회의 역시 국제회의의 새로운 모델인 하이브리드형 행사로 개최됐다. 행사장에 출석하는 인원을 최소한으로 제안하고 온라인으로 참가자를 접수해 작년보다 많은 사람이 참가할 수 있었다. 회의가 끝난 뒤에는 인터넷상에 연사와 참가자가 교류할 수 있는 채널을 만들어 만족도를 높였다. 이러한 하이브리드 모델은 향후 국제회의의 표준이 될 것으로 보인다.

기업들 역시 발 빠르게 움직이고 있다. 이벤트는 경험을 제공하기 위한 것이다. 이벤트는 가치를 제공하는 기업과 서비스를 즐기는 고객을 매칭한다. 기업은 고유한 체험을 제공함으로써 고객을 유인한다. 그러나 코로나로 이 모든 것이 어려워지면서 기업들은 새로운 길을 모색하고 있다. 그 방법으로 하이브리드 모델이 적극 도입되고 있다.

최근 이벤트업계에선 대면 이벤트와 온라인 이벤트를 섞은 하이브리드 이벤트가 뉴노멀 시대의 새로운 기준으로 떠오르고 있다. 하이브리드 이벤트는 온라인과 오프라인 중 어떤 형태로 참가하든 고객의 관여도를 높일 수 있다. 대면 접촉을 원하는 경우, 현장 이벤트에 참가하면 된다. 건강이나 여행 등을 이유로 직접 참가할 수 없으면 온라인으로 참가하면 된다. 두 그룹 모두 공평하게 만족스러운 경험을 얻을 수 있다. 현장 참가라는 벽을 없앰으로써 하이브리드 이벤트는 더욱 많은 사람이 이벤트 콘텐츠를 즐길 수 있게 해준다.

온라인 콘서트에서 증명되었듯 온라인을 활용하면 보다 많은 사람들이 콘텐츠를 즐길 수 있다. 시간이나 여행 등의 사유로 제한이 있는 사람, 너무 멀어서 참가하기 힘든 사람들도 온라인으로는 부담 없이 참가할 수 있다. 참가비도 저렴하게 책정할 수 있어서 지금까지 가격 부담 때문에 망설이던 사람들도 자기 집에서 편하게 즐길 수 있다. 모든 이벤트 내용이 저장되기 때문에 시간이 흐른 뒤에도 다시 볼 수 있다. 브랜드 콘텐츠가 장기적으로 고객의 기억에 남을 수 있는 것이다. 이산화탄소 배출량이 줄어서 환경에도 좋은 영향을 미친다. 사람의 움직임이 줄어들다 보니 행사장에서 소비되는 식음료도 줄어들어 친환경 이벤트로 진행할 수 있다.

또한 이벤트의 중요한 수입원 중 하나인 스폰서를 늘릴 수 있다. 스폰서 입장에서는 대면 이벤트와 온라인 이벤트 양쪽에 브랜드 노출이 가능하기 때문에 보다 이익이다. 스폰서에게 더 많은 가치를 제공할 수 있으니 당연히 스폰서 수입도 늘어난다. 이를 바탕으로 유명 연사를 초빙하거나 내용이 충실한 콘텐츠를 준비할 수 있다. 하이브리드 이벤트를 준비하기 위해 추가적으로 발생하는 비용을 충당할 수도 있다.

하이브리드 이벤트가 성공하기 위해서는 무엇보다 고객의 니즈를 먼저 생각해야 한다. 소비자를 먼저 생각하고 투자해야 한다. 고객에게 콘텐츠가 유익하고 재미있으며 현장감 있게 느껴져야 한다. 지금까지의 오프라인 중심 이벤트에 DX 개념을 더하면 현실 세계와 버추얼 세계가 융합된 한 단계 발전한 경험을 제공할 수 있다.

DX2.0

Digital Transformation Marketing

2장

DX 2.0,
특별한 가치를
경험한다

커뮤니케이션이 새로워진다

중요한 점은 내가 가게에 들어서면 물건을 사도록 강요당하고 싶지 않다는 것이다.

나를 반갑게 맞아주기를 원한다.

- 앤젤라 아렌트(Angela Ahrendts), 애플 수석부사장

코로나의 영향으로 매장에서 고객에게 제품이나 서비스를 설명하는 커뮤니케이션 방식에 큰 변화가 나타나고 있다. 온라인 응대가 증가하고 있기 때문이다. 직접 점포에 가지 않아도 집에서 제품이나 서비스를 받아볼 수 있다. 백화점, 보석 판매점을 필두로 화장품, 가전 제품까지 온라인 서비스를 제공하는 분야도 다양하다.

코로나 이전에도 소비자와의 커뮤니케이션 채널에 변화가 나타나고 있다는 조짐은 이미 감지되고 있었다. 2019년 가트너(Gartner)는

디지털 정보와 활동이 활발해지면서 소비자들이 점점 더 자동화를 지향하게 될 것이라고 내다봤다. 이에 따라 셀프 서비스가 새로운 기준으로 정착하고, 기업들은 소비자의 니즈를 해소해주고 운영의 효율성을 높이기 위해 각종 디지털 기술을 적극 수용하게 될 것이라고 설명했다. 더군다나 10년 정도 뒤면 소비의 주축으로 떠오를 Z세대(1995 중반에서 2000년도 초반에 태어난 세대)는 디지털 기술에 대한 저항감이 없는 세대다. 이들 Z세대는 소비자에 의해 시작된 자동화 기술을 선도할 것으로 전망된다.

더욱 개인화되고 더욱 적극적이 되어가는 소비자들은 항상 바로 옆에 존재하는 고객 서비스를 기대한다. 이에 부응하기 위해 기업은 필요한 기술을 갖춰야 한다. 그리고 소비자에 대한 서비스를 지속적으로 개선해야 한다. 소비자들의 기대는 날로 새로워지고 있는데 과거의 고객 서비스 매뉴얼로만 대응해서는 한계가 있을 수밖에 없다. 소비자의 피드백을 매뉴얼에 따라 처리하는 시대는 이미 지났다. 과거의 매뉴얼대로 대응하다 보면 시간만 오래 걸리고, 중요하거나 긴급한 문제를 처리하기 어렵다.

소비자 서비스 프로세스를 자동화해야 한다. 그리고 상시, 멀티채널로 소비자와 연결되어야 한다. 소비자는 언제 어디든 존재한다. 따라서 소비자 서비스도 '항상 온(always on)'되어 있어야 한다. 소비자가 채널을 선택할 수 있는 시대다. 최근의 조사에 의하면 소비자들은 제품 담당자와 직접 대화하기 전에 먼저 자동화된 셀프 서비스로 문제를 해결하는 것을 선호했다. 소비자와 연결되는 모든 접점, 즉 음성, 웹, 모바일, 채팅, 메시징, AI 등 소비자가 원하는 채널을 통해 문제를 해결할 수 있도록 준비해야 한다.

이세탄, 모든 상품을 1대 1로 상담한다

일본의 고급 백화점 이세탄(Isetan)은 판매하는 전 상품에 대해 온라인 응대를 시작했다. 이를 위한 전용 앱도 준비했다. 저조한 점포 판매를 만회하고 아마존 같은 전자상거래 플랫폼과의 차별화를 도모하기 위해서다. 소비자의 통로가 온라인으로 급격히 이동하면서 백화점은 사업 모델을 전면적으로 혁신하지 않으면 살아남기 어려운 상황이다.

백화점이 전자상거래 플랫폼과 가장 다른 점은 실제 점포가 있어서 점원이 상품을 직접 설명해준다는 점이다. 이세탄의 경우, 마음에 드는 상품을 바로 온라인으로 구매할 수도 있고, 더 상세한 상담이나 상품 설명이 필요하면 영상 통화를 요청할 수도 있다. 현재 50여 명의 직원이 해당 업무를 담당하고 있는데, 앞으로 점차 규모를 늘려갈 방침이다. AI를 활용한 챗봇(자동 응답 시스템)의 도입도 검토 중이다. 이세탄뿐만 아니라 점포를 가지고 있는 많은 소매업체가 온라인 대응으로 방향 전환을 서두르고 있다. 반면에 아마존, 라구텐 등 전자상거래 플랫폼은 실제 점포를 인수하는 등 온라인과 오프라인의 융합을 서두르고 있다.

자동차에서 아파트까지, 온라인으로 산다

자동차, 부동산 같은 상품도 매장에 가서 영업사원을 직접 만나지 않고 구매하는 사례가 늘어나고 있다. 수입차 랜드로버(Land Rover)는 상담부터 납품까지 온라인으로 처리하는 판매 시스템을 도입했다. 사람과의 접촉을 가능한 한 피하고 싶어 하는 고객이 많아지는 상황에서 이런 시스템을 활용해 자동차를 구매하는 고객이 늘어나고 있다. 점포를 방문해야 하는 부담을 덜어주고 시간을 절약해주는 등 효율적인 운영이 가능하다. 부동산을 살 때도 온라인을 활용하는 사례가 늘어나고 있다. 온라인을 통한 고급 아파트 판매가 전국적으로 확대되고 있는데, 고객들의 선호도도 높은 편이다. 버추얼 시스템을 활용한 영상을 보여주면서 고객과 상담하는 VR 모델 룸도 보편화되고 있다

하지만 이런 분위기가 완전히 정착됐다고 하기에는 아직 부족한 점이 많고 불안해하는 고객의 목소리가 여전히 존재하는 것도 사실이다. 자동차나 부동산 판매에선 영업사원의 역량이 구매 시 큰 영향

을 미치는데, 온라인의 경우 전통적인 판매 방법에서 느낄 수 있는 인간적인 신뢰감을 기대하기 어렵다. 또한 고객이 화면에 자신의 얼굴을 보이지 않게 설정할 경우 고객의 반응을 알아차리기가 쉽지 않아 영업사원과 고객 사이의 깊이 있는 커뮤니케이션이 어렵다.

라이브 커머스, 온라인 쇼핑의 새 장을 열다

온라인 대응의 정수를 보여주는 것은 라이브 커머스다. 동영상 스트리밍을 통해 상품을 판매하는 라이브 커머스는 비대면, 비접촉을 추구하는 언택트 경제가 부상하면서 활발하게 성장하고 있다. 라이브 커머스는 쉽게 말해 웹, 애플리케이션 등의 플랫폼을 통해 실시간 동영상 스트리밍으로 상품을 소개하고 판매하는 온라인 채널이다. TV홈쇼핑과 달리 채팅창을 통해 시청자와 양방향 소통이 가능하며, 이를 이용해 상품에 대한 여러 가지 문의를 간편하게 해결할 수 있다.

해외 소비자에게 제품을 판매할 수도 있다. 지금은 주로 화장품, 일용품 등이 판매되고 있는데, 코로나로 인해 외국 관광객이 줄어든 상황에서 라이브 커머스를 통해 외국 소비자들이 상품을 구매하는 모습을 보이고 있다. 예를 들면 일본에서 스마트폰으로 촬영한 영상이 중국 동영상 앱을 통해 생중계되면 이를 보고 중국 소비자들이 상

· · · 로봇의 의한 음식 서빙은 더욱 보편화될 것으로 보인다.
출처 : 셔터스톡

품을 구매하는 식이다. 라이브 커머스 진행자는 유행의 발신지인 하
라주쿠의 오모데산도, 다케시다 거리 등을 산책하면서 중국 소비자
들에게 현장감 있게 최신 유행을 소개한 후 스튜디오로 돌아와 생중
계를 통해 중국 소비자들이 선호할 법한 상품을 판매한다. 중국 소비
자는 자신이 좋아하는 상품이 나오면 화면에 표시된 카드 아이콘을
클릭해 구매한다. 일본 관광과 상품 구매를 버추얼로 동시에 해결하

는 것이다. 코로나로 인해 중국 관광객이 급감했지만 일본으로부터 중국으로의 직구(Cross border EC)는 전혀 타격을 받지 않아 2020년 2조 엔가량을 기록했다. 라이브 커머스는 코로나로 인해 소비자들에게 크게 주목받으며 향후 소매업의 주요 판매 루트로 자리 잡을 것으로 보인다.

비접촉 레스토랑도 주목받고 있다. 일본의 소프트뱅크(SoftBank)는 로봇 산업에 적극 나서고 있다. 3D 카메라와 센서가 달려 있는 높이 1미터 정도의 로봇이 테이블로 요리를 운반한다. 직원이 요리를 로봇에 달린 트레이에 얹어준 뒤 목적지 버튼을 누르면 된다. 수프를 흘리지 않고 운반할 정도로 안정감도 갖췄다. 음식을 서빙하는 것은 로봇에게 맡기고 직원은 고객과 커뮤니케이션을 하는데 집중할 수 있다. 영화의 한 장면처럼 로봇과 인간이 공생하는 미래가 눈앞에 다가왔다.

DX 2.0, 특별한 경험을 판매한다

백화점이건 자동차 매장이건 식당이건 고객과의 접촉 방법이 이전 상황으로 돌아가리라 기대하기는 어렵다. 고객 대응 방식은 이미 진화에 진화를 거듭하고 있다. 코로나 이전부터 전통적인 소매점들은 이미 아마존 같은 전자상거래 거물과 전쟁을 시작한 상태였다. 이러한 경쟁이 코로나로 더욱 가속화되고 있다. 소비자들의 기대에 부응하기 위해서라도 소매점들의 발 빠른 변화가 필요하다.

한편 코로나로 인해 고객의 경험은 더욱 강조되고 있다. 고객의 다양한 니즈에 대응하기 위해 기업은 '항상 온(Always On)' 상태를 유지해야 한다. DX 2.0 시대에는 고객이 변화를 리드한다. 고객은 언제 어디서든 자신들이 선택하는 디바이스를 통해 자신들이 원하는 콘텐츠를 서비스받기를 바란다. 이러한 기대에 부응하려면 고객과의 연결을 항상 유지할 수 있는 기술과 툴이 필요하다. DX는 고객과 접촉하고 커뮤니케이션하는 방식을 바꾸고 있다. DX는 또한 '항상 온'되어 있는 고객에게 일관된 경험을 제공하기 위해 꼭 필요한 요건이다. DX를 실천해서 소비자와의 관계를 돈독히 하려는 노력이 필요하다. 충성도가 높은 고객은 일반 고객에 비해서 구매 비율이 높고 소비액도 많기 때문이다.

포스트 코로나 시대는 가게 문을 열어놓으면 손님이 알아서 찾아오는 '꿈의 필드(Field of Dream)'가 아니다. 소비자의 확신을 얻기 위해 판매자는 고객의 구매 여정에 동행하는 연결 전략을 구사해야 한다. 각 단계마다 단순하면서도 빈틈 없는 경험을 제공해야 한다. 소비자 구매 여정의 모든 과정, 즉 제품 서칭, 제품 선택, 구매, 사용, 교환·환불 등 모든 과정에서 일관성 있는 브랜드 경험을 제공해야 한다. 고객은 자신을 잘 이해해주는 브랜드를 선택한다. 수많은 유사한 상품 속에서 존재감을 과시하면서 고객의 충성도를 이끌어내기 위해서는 소비자 구매 여정의 전 과정에 개별화된 경험을 제공하는 것이 중요하다. 소비자에게 특별한 체험을 제공하는 DX 2.0 시대는 이미 시작되었다.

상품을 팔지 않는 매장

사람은 계속 쇼핑할 것이다.

고객에게 훌륭한 경험이 될 수 있도록 더욱 노력을 기울여야 한다.

- 필립 그린(Phillip Green), 아카디아 그룹 CEO

일본 도쿄 한복판의 백화점 건물에 물건을 판매하지 않는 상점이 등장했다. 일본의 대형 유통업체 마루이[丸井]가 선보인 새로운 유형의 상점이다. 이 상점의 이름은 미국 실리콘밸리에서 수입된 '베타(B8ta)'. 개성 있는 디자인이나 기능을 가진 제품을 전시해 체험 기회를 제공한다. 하지만 상품을 판매하진 않는다. 고객이 제품을 체험할 수 있는 장을 제공하고 고객의 행동 데이터를 수집하는 것이 목적이다. 백화점에서 물건을 팔지 않는다는 것은 기존 리테일 방식을 완전히 부정하는 비즈니스 모델이다. 이 비즈니스 모델은 리테일이 고객과의 접점을 만드는 것에 존재 가치가 있고 판매는 온라인으로도 충분하다는 전제에서 시작됐다. 실제 세계와 가상 세계가 융합된 모델이다. 정보가 넘쳐나는 상황에서 고객에게 선택받기 위해서는 상품을 체험할 수 있는 환경을 매력적으로 만드는 것이 무엇보다 중요한 데 착안한 것이다.

온라인 판매가 성장하면서 오프라인 리테일은 쇠퇴의 길을 걷고 있다. 하지만 아무리 온라인 판매가 성장하더라도 소비자가 실제로 제품을 보고 체험하지 않으면 최초의 구매가 발생하기 어렵다. 마루이는 바로 이 점에 주목해 고객의 경험을 개척하는 데 주안점을 두었다. 점포는 오프라인 미디어 역할을 한다. 상품 대신에 경험을 판매하고, 판매보다는 체험을 강조하는 것이다. 다소 극단적으로 보일 수도 있지만 판매에 집중하기보다는 색다른 경험을 선사해서 브랜드 이미지를 제고하는 체험형 공간을 제공하는 것이다. 이를 통해 소비자에게 제품의 가치를 전달하는 게 주목적이다.

상품 대신 경험을, 판매보다 체험을

지금까지 사실 매장에서의 체험은 판매를 위한 부수적인 수단일 뿐이었다. 하지만 베타는 체험 그 자체가 목적이다. 미국 전역에 매장

• • • 물건을 팔지 않는 매장 베타(B8ta).
출처: 저자 촬영

이 있는데, 최초의 매장은 샌프란시스코에 있다. 베타의 수익 모델은 바로 임대료다. 물건을 파는 대신 공간을 대여해주고 거기에서 수익을 얻는다. 특별한 점은 매장에서 제품을 설명하는 직원들을 모두 채용, 관리한다는 점이다. 베타에 고용된 직원들은 수준 높은 교육을 받은 뒤 방문하는 고객들에게 자사 매장에 입점한 제품을 설명해준다. 비용 때문에 오프라인 매장을 운영할 수 없는 스타트업이 주요 고객이다. 주로 상용화 초기 단계 제품 같은 새로운 상품들을 취급한다. 물론 매장에서도 상품을 판매할 수는 있다. 하지만 이에 대해 수수료를 부과하지는 않는다. 비용과 자본이 충분하지 않은 소규모 사업자들에게 충분히 매력적인 공간일 수밖에 없다.

매장 곳곳에 CCTV가 설치되어 있는데, 이는 고객들의 동선과 상품별 체류 시간 데이터를 수집하기 위한 것이다. 이렇게 수집한 데이터를 입점사에 제공해서 고객의 행동이나 판매 이력을 데이터베이스화할 수 있다. 고객의 정보, 고객의 목소리는 상품 개발, 생산, 물류 등에 활용되어 고객이 더욱 필요로 하는 상품을 제공할 수 있는 기반이 된다. 이 데이터를 바탕으로 리테일의 미래를 여러 각도에서 전망해볼 수도 있다. 베타는 한마디로 오프라인 판매점의 서브스크립션(구독형) 모델이라고 할 수 있다. 물건을 팔지 않아도 수익을 확보할 수 있는, 'RaaS(Retail as a Service)'라고 불리우는 새로운 개념의 리테일이다.

점포는 쇼룸, 판매는 온라인으로

코로나로 큰 타격을 입은 의류업계에서도 변화가 일어나고 있다. 일본의 대형 의류업체 온워드(Onward)는 상품을 판매하지 않는 새로운 유형의 점포를 선보였다. 원하는 옷을 입어볼 수 있는 공간을 제공하고, 판매는 온라인으로만 이뤄진다. 이런 유형의 점포는 재고를 보유하지 않아도 되므로 과잉 재고 문제를 해결할 수 있다. 글로벌 패션 브랜드 유니클로(Uniqlo)에서도 변화가 일고 있다. 점포에서 샘플을 보고 마음에 드는 상품을 스마트폰 앱으로 주문하면 다음 날 집으로 배달된다. 카운터 앞에 줄서서 대금을 지불하고 집까지 상품을 들고 갈 필요가 없어진 것이다. 점포에서는 마음에 드는 옷을 입어만 보고 구매는 온라인으로 한다. 재고 부담이 없기 때문에 좁은 매장에도 다양한 제품을 전시할 수 있어서 임대료가 비싼 지역에서도 점포를 낼 수 있다.

양복을 팔지 않는 양복점도 있다. 이 양복점의 이름은 '패브릭 도쿄(Fabric Tokyo)'. 마루이와 공동으로 점포를 내고 있다. 매장에서는 사이즈 측정과 샘플 전시만 하고 판매는 온라인으로만 하는 쇼룸 형태의 점포다. 물건을 파는 것보다는 체험을 통해 고객을 유인하는 데 주안점을 둔 것이다. 이렇게 실제 점포와 온라인 판매를 병행하는 경우, 고객 1인당 평균 구매액은 온라인만 이용하는 고객의 2배에 이른다. 2020년 3월 새로운 비즈니스용 캐주얼 재킷을 출시했는데, 예약 단계

부터 예상 목표치를 넘어서 즐거운 비명을 지르고 있다. 패브릭 도쿄
가 대부분의 점포를 폐쇄하면서도 히트 상품을 내놓을 수 있는 이유
는 점포와 전자상거래를 통합한 사업 모델을 통해 상세한 고객 데이
터를 확보할 수 있었기 때문이다. 방대한 데이터에 근거해 고객에게
적합한 사이즈와 어울릴 만한 디자인을 제안해 구매로 연결시킨다.
코로나가 수습되어 점포 운영이 정상화되더라도 온라인으로 완결되

••• 마루이백화점에 위치한 패브릭 도쿄. 점포는 쇼룸이고 판매는 온라인으로만 한다.
출처 : 패브릭 도쿄 제공

는 판매 방식은 계속 유지할 계획이다.

체험을 강조하는 브랜드의 원조는 캐나다의 요가복 브랜드 룰루레몬(Lululemon)이다. 몸매를 돋보이게 하는 디자인으로, 출시되자마자 선풍적인 인기를 끌며 요가나 필라테스에 관심 있는 사람들에게 사랑받는 브랜드가 되었다. 이 회사는 처음부터 상품을 파는 것보다는 체험을 제공하는 쪽으로 방향을 잡았다. 룰루레몬은 세련된 취향을 가진 교육 수준이 높은 여성을 타깃으로 선정하고 마케팅 전략을 구축했다. 그 결과, 체험형 매장을 열고 경험을 판매하는 데 주력함으로써 건강한 라이프스타일을 가지고 있으며 자신의 라이프스타일을 다른 사람에게 보여주고 싶어 하는 사람들을 위한 브랜드로 정착했다. 매장에서는 요가, 명상, 다도 등 다양한 무료 강좌를 열고 직원들은 고객에게 다이어트와 운동에 대해 조언을 해준다. 실제로 관련 자격증을 가지고 있는 직원이 많다. 매년 단체 요가 행사를 열기도 한다. 도심의 룰루레몬 매장 근처에서 수십, 수백 명이 요가 매트를 깔고 요가를 하는 진풍경이 벌어지기도 한다. 이렇게 룰루레몬은 소비자의 가슴과 마음을 사로잡고 있다.

경험 리테일의 리더, 마루이

마루이의 리테일 전략은 상품 판매에 주력하는 일반 백화점 모델과는 다르다. 마루이는 오래전에 백화점 모델에서 벗어나 입점 브랜드에서 임대료 수입을 받는 쇼핑센터 모델로 방향을 전환했다. 그리고 다시 방향을 전환해서 지금은 경험을 중시하는 '상품을 팔지 않는 가게' 리테일 전략 모델을 운영하고 있다. 장기적으로 보면 실제 점포에서의 판매는 줄어들지만 대신 온라인 판매는 늘어날 것으로 기대된다. 점포에서 직접 상품을 확인한 후 온라인으로 구매하기 때문에 실제 점포의 역할은 여전히 존재한다. 소비자들이 저렴하거나 익숙한 상품은 온라인으로 바로 주문하지만 처음 구매하는 제품이나 고가 제품은 구매하기 전에 점포에서 직접 확인해보고 싶어 하기 때문이다.

다시 한 번 강조하지만, 이런 유형의 사업 모델은 점포에서 상품을 팔지 않는다. 온라인 판매를 전제로 상품을 체험하고 고객이 모일 수 있는 커뮤니티의 장을 제공하는 데 주력한다. 이에 따라 점포에 대한 평가 기준도 바뀌고 있다. 백화점형 매출, 이익이나 쇼핑센터형 임대료 수입으로 평가하지 않는다. 대신 고객에게 질 높은 체험을 제공해서 1인당 평균 구매액, 고객 충성도 등을 높임으로써 고객 만족도를 최대화하는 것은 물론 회사의 수익 제고를 추구한다. 실제 점포는 부가가치를 제공하는 장소일 뿐이다. 이게 바로 마루이가 추구하는 '디지털 네이티브 스토어(Digital Native Store)'의 핵심이다.

패브릭 도쿄 같은 D2C(Direct to Customer) 브랜드는 실제 점포의 목적을 점포에서의 체험을 통해 고객 충성도를 최대한 높이는 것으로 본다. 특히 온라인으로 시작한 D2C 브랜드는 실제로 상품을 만져보고 싶어 하는 고객의 니즈에 답하기 위한 체험의 장으로서 점포를 활용한다. 점포에서 점원은 상품을 팔고 고객은 상품을 사야 하는 압박감이 존재하지 않는다. 점원과 고객 모두 부담 없이 가벼운 마음으로 접근하다 보니 상품과 브랜드에 대한 이해를 쉽게 촉진할 수 있고, 결과적으로 온라인 구매로 이어지는 확률도 높아진다. 고객 1인당 구매액이나 및 고객 생애 가치(Life Time Value)도 높일 수 있다. 이런 장점 덕분에 D2C 브랜드들은 앞다퉈 실제 점포를 마련하고 있다.

구매에서 체험으로, 쇼핑의 개념이 바뀌고 있다

온라인 쇼핑을 즐기는 많은 사람들이 실제 상품 또한 보고 싶어 한다. 매장을 방문해서 제품을 직접 보고 만질 수 있는 환경을 필요로 하는 것이다. 이러한 필요에 부응해 아마존은 실제 점포를 개장했다. 베스트셀러 제품이나 주목 받는 제품을 전시하는 실제 점포 '4-스타(4-Star)'가 바로 그 주인공이다. 전자상거래 사이트에서 별 4개 이상을 받은 상품, 베스트셀러, 인기 상승 중인 상품을 실제로 보고 만질 수 있는 공간을 뉴욕에 마련했다. 각종 디바이스, 가전, 주방용품, 가정용

품, 장난감, 서적, 게임 등이 전시돼 있다. 일본 아마존은 패션 분야를 강화하기 위한 위해 '앳 도쿄(At Tokyo)' 프로그램을 통해 패션 디자이너를 지원하고 패션쇼를 개최하고 있다. 전자상거래의 거물 아마존마저도 실존하는 장소를 통해 고객들이 생생한 경험을 할 수 있도록 계획한 이유는 아마존이 실제로 상품을 만질 수 없다는 온라인 판매의 한계에 직면했기 때문이다. 이는 실제 점포의 가치가 여전히 존재한다는 것을 보여주는 증거라고 할 수 있다.

구글(Google) 역시 '구글 스토어(Google Store)'라고 하는 단독 리테일 매장을 2021년 6월 뉴욕 첼시마켓에 위치한 구글 빌딩 1층에 개장했다. 픽셀폰과 핏피트 등 웨어러블 기기와 픽셀북, 네스트 스마트 온도조절기, 스마트 스피커 등 구글의 하드웨어를 직접 체험하고 구매할 수 있다. 앞서 뉴욕과 시카고 등에 임시 팝업 매장을 운영한 적이 있지만 정식 오프라인 매장을 선보이는 것은 이번이 처음이다. 구글이 실제 매장을 마련한 이유는 고객의 체험을 유도해 제품 판매량을 높이기 위해서다. 구매 전 직접 제품을 체험해보고 싶어 하는 전자기기의 특상상 구글 스토어는 체험형 매장으로 자리 잡을 것으로 보인다.

물건만 파는 점포는 이제 옛날 얘기가 되었다. 단지 상품을 사는 것이라면 언제든지 장소에 구애받지 않고 일부러 점포에 갈 필요도 없는 온라인이 압도적으로 편리하다. 단순히 물건만 파는 점포는 더 이상 존재할 수 없는 시대가 올 것이다. 새로운 가치를 제공하는 점포로 진화하지 않으면 안 된다. 소비자와 관계를 맺고, 기쁨을 선사하고, 시간을 덜 들이면서도 쉽게 쇼핑 경험을 할 수 있는 리테일은 경쟁에서 남아 남을 것이다. 상품과 만날 수 있는 장소와 계기를 제공하는 매장의 존재와 역할은 사라지지 않을 것이다. 쇼핑의 개념이 상품을 선택하는 것에서 상품을 즐기는 것으로 바뀌고 있다. 새로운 스타일의 소매점이 새로운 가치를 창출하는 견인차로 역할할 것으로 기대된다.

매장은 공연을 위한 무대일 뿐

일단 점포에 들어가면 어떠한 점포가 되었든

엔터테인먼트, 흥분, 강렬한 감정이 존재하면 당신은 거기에 머무르게 된다.

하워드 슐츠(Howard Schultz), 스타벅스 명예회장

리테일이 변하고 있다. 상품을 팔지 않는 가게가 등장할 정도로 제품 판매보다는 경험을 중시하는 쪽으로 바뀌고 있다. 리테일은 이러한 경험을 통해 새로운 제품의 기능을 알리고 브랜드 포지션을 공고히 한다. 또한 리테일에서의 경험은 온라인 판매를 보조하는 기능을 한다. 코로나 이전 조사한 바에 의하면 리테일 점포를 새롭게 선보이면 다음 분기의 브랜드 온라인 사이트 트래픽이 38% 증가한다는

결과가 있다. 이처럼 오프라인 점포는 온라인 판매와 밀접하게 연결되어 있다.

리테일테인먼트, 쇼핑에 즐거움을 더한다

이제는 새로운 가치를 창조하는 리테일만이 생존하고 성장할 수 있는 시대다. 리테일은 상품을 파는 곳에서 브랜드를 체험할 수 있는 공간으로 진화를 거듭하고 있다. 리테일에 대한 소비자의 기대도 바뀌어서 물건을 선택하는 것에서 즐기는 것으로 개념이 전환되고 있다.

이러한 상황에서 '리테일테인먼트(Retailtainment)'가 새롭게 조명받고 있다. 리테일테인먼트는 '리테일(Retail)'과 '엔터테인먼트(Entertainment)'의 합성어로, 쇼핑 공간에 즐거움을 더한다는 뜻이다. 매장이 단순히 물건을 구매하는 공간에서 벗어나 제품을 직접 체험하거나, 휴식을 취하거나, 더 나아가 고객이 '놀 수 있는' 공간으로 바뀌고 있다. 점포에서 브랜드 이미지와 부합되는 생생한 체험을 제공해 고객 만족도를 향상시키는 것이다. 리테일테인먼트는 샘 월튼(Sam Walton) 월마트(Walmart) 회장이 1997년 전미소매업대회에서 처음 사용한 말이다. 월튼 회장이 매장에 고객이 더 자주 찾도록 '바나나 무게 맞히기 대회', '고리 던지기 대회', '만화 캐릭터 그리기 대회' 등 고객에게 즐거움을 줄 수 있는 행사를 개최한 후 매출이 증가한 데서 유래했다.

리테일테인먼트는 온라인보다 오프라인 공간에서 훨씬 더 효과적이다. 이러한 경험은 소비자들이 그 매장을 다시 찾게 만드는 원동력이 된다. 특히 코로나 이후 언택트 시대에 새로운 가치를 더 생생하게 전달할 것이다. 물론 이를 통해 브랜드와 소비자의 관계가 돈독해지고, 한 발 더 나아가 온라인 구매로 유도해 장기적인 관계가 형성될 수 있을 것이다.

이처럼 20년 전에 탄생한 개념인 리테일테인먼트는 디지털 시대의 기술 발전과 융합되면서 많은 진화를 거듭했다. 매장은 이제 단지 상품을 전시해서 상품의 특성을 전달하고 구매를 촉진하는 장소가 아니다. 매장은 고객을 관객으로 삼아 퍼포먼스를 제공하는 서비스 공간, 즉 무대다. 공연을 위한 무대인 셈이다.

고객이 즐길 수 있는 조용하고 여유롭고 화려한 공간만 존재하는 것이 아니다. 화려한 무대에서 벌어지는 다양하고 복잡한 공연을 지원하기 위한 보이지 않는 장소도 존재한다. 창의적인 설치 공간, 풍성한 소재, 그리고 긴밀하게 연결되는 스토리라인은 그 자체가 브랜드가 던지는 메시지다. 무대가 선사하는 3차원적인 디테일은 인스타그램 같은 디지털 공간에서 전달하는 1차원적인 무대 배경과는 차원이 다르다. 단지 눈에 보이는 외관만 중요한 게 아니다. 질감, 조명, 음향, 향기 모두가 무대를 구성하는 중요한 요소다. 상점에서의 경험을 최대화하면서 고객과 브랜드의 관계를 더욱 긴밀하게 구축한다. 이처럼 소매업계는 제품의 특징과 장점을 보여주는 접근 방법에서 한 발 더 나아가 고객이 몰입할 수 있는 경험 공간을 제공해야 한다. 상점에서 만들어진 소비자의 호의적인 경험이 결과적으로 구매로 연결되고 충성스러운 고객을 만들어내기 때문이다.

파페치, 미래 매장 모델을 제시하다

고객에게 즐거운 체험을 제공하기 위해서는 DX가 필수다. 고급 패션 브랜드를 위한 전자상거래 포털 파페치(Farfetch)를 살펴보자. 창업자 호세 네브스(Jose Neves)는 패션계의 제프 베이조스(Jeff Bezos)로 불린다. 고급 패션 브랜드를 중심으로 테크놀로지를 기반으로 하는 글로벌 플랫폼을 제공함으로써 고급 의류 시장이 코로나로 인해 큰 타격을 받는 상황에서도 파페치는 2020년 1분기에 수익이 90% 증가했다. 이를 바탕으로 실제 매장과 디지털을 빈틈없이 통합하는 '미래의 스토어(Store of Future)' 솔루션을 제시하고 있다.

파페치는 패션에 최신 디지털 기술을 조합해서 독특한 경험을 제공한다. 고객이 매장을 방문해서 스마트폰으로 로그인하면 매장의 스태프는 그 고객의 과거 구매 이력, 위시리스트를 포함한 고객 프로필

··· 패션 매장의 미래상을 제시하는 파페치.
출처 : https://www.thecircle.ch/en

··· 파페치 매장의 피팅룸에 설치된 스마트 미러.
출처 : https://www.pinterest.com

을 확인할 수 있다. 이는 모두 고객과 커뮤니케이션할 수 있는 귀중한 자료가 되어준다. 매장에 설치된 '와이파이 의류 랙(Connected clothing rack)'은 고객이 관심을 가지고 만져본 아이템을 기록하고 이를 스마트폰 앱에 보관해 매장의 대형 모니터를 통해 확인할 수 있게 해준다. 피팅 룸에는 스마트 미러가 설치되어서 밖으로 나가지 않고도 다른 사이즈, 다른 상품을 가져달라고 요청할 수 있고 대금도 지불할 수 있다. 매장에 설치된 홀로그램 디스플레이를 통해 고객이 자신만의 신발을 디자인할 수도 있다. 고객은 편안하고 즐겁게 최고급 부티크 쇼핑을 즐길 수 있다. 구매는 빠르고 편리한 온라인 쇼핑으로 가능하다. 한마디로 파페치는 고급 패션 브랜드가 제시하는 리테일의 미래를 보여준다. 이외에도 온라인과 오프라인을 연결하는 확장된 리테일 솔루션(Augmented Retail Solution)을 제공하고 있다.

이렇게 파페치는 미래를 위한 매장 모델을 제시하는 데 선두적인 역할을 하고 있다. 매장에서의 물리적인 체험을 더욱 심화하고 고급 브랜드에 매우 중요한 고객과의 감정적인 관계를 강화하기 위해 매장에서는 고객 움직임 데이터를 적극적으로 수집한다. 이러한 디지털 기술은 패션업계뿐만 아니라 식품, 화장품 등 다양한 업종까지 확대할 수 있다. 쇼핑하는 과정을 새로운 체험을 하면서 즐길 수 있는 과정으로 바꿔주는 것이다. 파페치는 다양한 체험 방식을 제안해 차별화하면서 고객을 끌어들이는 행동력 있는 비전을 제시하고 있다.

리테일의 미래, 고객 경험을 극대화하라

코로나로 인해 온라인 구매는 가파른 속도로 성장하고 있다. 코로나 이전보다 10~13% 늘어날 것으로 예측된다. 반면에 오프라인 점포는 줄어들 것으로 보인다. 많은 소매업체가 오프라인 점포를 재평가하면서 어떻게 하면 고객의 경험을 극대화할 수 있을지 고민하고 있다. 리테일테인먼트의 중요도가 더욱 부각되면서 리테일은 기술과의 융합으로 새로운 전기를 맞고 있다. 점포는 물건을 파는 곳이라는 생각은 이미 시대착오적인 발상이 되어버렸다. 과거에 흔히 볼 수 있었던 샘플링이나 다양한 매장 내 프로모션, 이벤트는 소비자에게 더 이상 매력적이지 않다. 이전에는 리테일에서의 기술 활용이 하나의 참고 사항이었다면 이제는 뉴노멀에 대응하기 위해서 꼭 갖춰야 할 필수 아이템이 되었다. 리테일테인먼트는 앞으로 고객들을 매장으로 불러들여 안전한 환경에서 즐거움을 느끼면서 브랜드와 커뮤니케이션하게 해주는 유일한 방법이 될 것이다.

이를 위해서는 단순히 제품을 소개하거나 구매하는 장소가 아니라 고객의 기억에 남는 가슴 뛰는 체험을 만들어주는 것이 중요하다. 이런 분위기 속에서 고객을 즐겁게 하기 위해 다양한 아이디어를 짜내고 과감한 도전을 하는 점포는 계속 늘어날 것이다. 인터넷 시대의 점포는 브랜드 세계관을 느낄 수 있는 공간을 제공하기 위한 곳이고, 잊을 수 없는 체험을 통해 브랜드를 사랑하게 만드는 곳으로 자리 매김할 것이다. 향후 리테일의 키워드는 지금까지의 상품 소개와 구매라는 요소에 엔터테인먼트를 더해서 즐거운 체험을 제공하는 소매점으로 변화시켜가는 리테일테인먼트가 될 것이다.

이를 위해 접촉을 최소화하고 개인화를 최대화하는 점포 내 터치포인트 전략이 필요하다. 물리적인 공간과 더불어 가상공간과의 시너지도 더욱 중요하다. 물리적인 공간에 대한 확신이 서지 않는 경우, 가상공간에서 부족한 부분을 보완할 수도 있다. 오프라인 비즈니스를 디지털 영역이 지원함으로써 영역을 확산할 수 있고, 이로써 경쟁자와 차별화해 비즈니스를 안정적으로 유지할 수 있다.

리테일테인먼트는 최신 첨단 도구를 많이 사용한다고 해서 성공하는 것이 아니다. 지금까지 경험해보지 못한 특이한 경험을 맞춤 제공하는 것이 중요하다. 디자이너, 아티스트, 기술자들과 다 같이 힘을 합쳐서 매력 있는 리테일의 미래를 만들어야 한다.

이와 관련, 코로나 자체가 특별한 계기가 되어주고 있다. 이를 적극 활용하기 위해선 매장을 방문하는 고객에게 특별하고 독특한 경험을 제공해 더 오랫동안 머물게 해서 제품을 구매하게 하고 매장을 재방문할 수 있도록 동기를 부여해야 한다. 소비자가 매장을 방문할 이유를 제공해야 한다. 넷플릭스가 등장해서 많은 영화 관람객을 빼앗아갔지만 프리미엄 영화관은 여전히 주목받고 있다. 집에서 영화를 보는 것보다 특별한 경험을 제공하기 때문이다. 고급 라운지, 좌석까지 배달되는 고급 음식과 음료, 드링크 바를 완비한 로비에서 친구나 가족들과 함께 보내는 우아한 시간이 매력으로 작용하기 때문이다. 자기만의 독점적이고 특별한 경험을 영화관에서 만들 수 있도록 도와준다. 이처럼 고객에게 특별하고 기억에 남는 경험을 선사할 수 있는 고민이 절실한 시점이다.

DX2.0

Digital Transformation Marketing

3장

핵심을 지키며
변화하고
변주하라

피벗, 변화에 도전하라

피버팅은 비전은 바꾸지 않고 전략을 수정하는 것이다.

에릭 라이스(Eric Ries), 미국의 기업가

〈프렌즈(Friends)〉는 1994년부터 2004년까지 미국 NBC에서 인기리에 방영된 전설적인 시트콤이다. 미국 역사상 최고의 시트콤 드라마 중 하나로, 뉴욕 맨해튼을 배경으로 여섯 친구들의 삶과 우정을 다룬 훈훈한 코미디다. 〈프렌즈〉 시즌 5 에피소드16에서는 피벗(Pivot)을 소재로 한 우스꽝스러운 장면이 나온다. 등장인물 중 한 명인 로스(Ross)가 새로 산 소파를 아파트 로비에서 자기 방까지 운반하는 장면이다. 가구점 배송 비용이 터무니없이 비싸서 로스는 소파를 직접 운반하기로 한다. 그런데 소파의 크기나 무게가 만만치 않다. 그의 친구레이철(Rachel)과 챈들러(Chandler)가 도와주러 온다. 로스는 그림까지 그리면서 소파를 운반할 방법을 친구들에게 매우 체계적으로 설명한다. 당당하고 자신만만하게 작업을 시작하는 로스. 그리고 하나! 둘! 셋! 스타트! 세 명이 소파를 가지고 씨름하는 장면이 시작된다.

소파를 가지고 계단을 올라가다가 계단이 휘어져 방향을 바꿔야 할 순간이 된다. "레디 턴 피벗, 피벗, 피벗(Reay-Turn-Pivot, Pivot, Pivot)!" 로스가 '피벗'이라는 단어를 여러 번 외친다. 하지만 결국 소파를 옮기는 것은 실패한다. 계단 중간에 멈춰서 꼼짝달싹 못 하게 된 친구들. 준비해서(Ready), 계단을 따라 돌아가는 것(Turn)까지는 성공했는

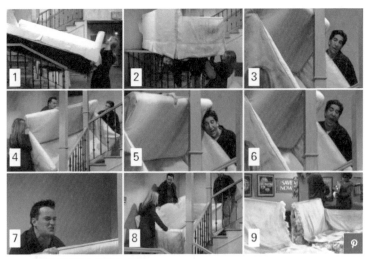

···<프렌즈>에 등장하는 피벗(Pivot) 장면.
출처 : https://www.housebeautiful.com

데 중심축을 잡고 소파를 돌려야 하는 피벗(Pivot) 단계에서 계획대로 되지 않았던 것이다. 피벗을 외치는 로스에게 챈들러는 시끄럽다며 "셧업(Shut Up)"을 세 번이나 연달아 외친다. 그리고 소파에 갇혀서 꼼짝할 수 없게 된 상황에서 도대체 피벗이 무슨 뜻이냐고 되묻는다.

드라마 속에 등장하는 재미있는 장면이지만 이는 피벗 전략에 실패한 전형적인 사례를 보여준다. 그들은 팀워크가 맞지 않거나, 민첩하지 못했거나, 중심축을 제대로 유지하지 못해서 실패한 것이다. 그리고 로스와 친구들이 억지로 방향을 바꾸려고 시도했으나 결국 소파는 두 동강 나고 만다.

피벗의 핵심, 중심축을 유지하라

피벗의 사전적 의미는 '회전하는 물체의 균형을 잡아주는 중심점이나 중심축'이다. 즉, '가장 중요한 중심축'이라는 의미다. 우리에게는 농구 용어로도 잘 알려져 있다. 한쪽 발을 축으로 삼아 돌면서 기회를 만드는 플레이를 떠올리면 된다. 중심이 되는 축의 다리를 떼면 반칙이 선언된다. 이 용어는《린 스타트업(The Lean Startup)》의 저자인 에릭 리스(Eric Ries)가 '사업의 비전을 유지하면서 전략을 변화시켜 기존 실패를 만회하는 방식'을 피벗이라고 표현하면서 비즈니스 용어로도 사용되기 시작했다. 사업의 중심축인 기본 핵심은 유지하면서 상황에 맞게 비즈니스를 유연하게 변화시켜가는 전략을 뜻한다.

피벗은 실리콘밸리에서도 익숙한 단어가 되었다. 유튜브 (YouTube)는 원래 온라인 동영상 데이트 사이트로 시작되었으나 이용자들이 재미있는 동영상을 올리기 시작하자 방향을 수정해서 성공했다. 트위터(Twitter)도 오데오(Odeo)라는 팟캐스트 서비스를 운영하던 창업자들이 사업이 망해가자 방향을 바꾸어 성공했다. 인스타그램 (Instagram)도 현재 위치를 등록하는 체크인 기능과 네트워크 게임 기능을 합친 앱으로 시작했다가 사진 공유 사이트로 전환했다. 실리콘밸리 창업자들은 시작했던 일이 잘되지 않으면 '피벗'을 통해 현실에 맞게 비즈니스 방향을 변화시켜 다시 성공을 꿈꾼다.

이처럼 처음 시작했던 비즈니스를 상황에 맞게 다른 비즈니스로 변화시켜가는 피벗 전략이 주목을 받고 있다. 미국 광고주협회 (Association of National Advertisers) 회원들의 투표 결과, 2020년 올해의 마케팅 단어로 '피벗(Pivot)'이 선정되기도 했다. 코로나로 인해 비즈니스의 민첩성이 중요하게 부각되는 시기다. 지금은 고객의 니즈를 만족시키기 위해 몇 달이고 기다릴 수 없는 상황이다. 우유부단하게 시간을 끌고 있는 사이에 경쟁사가 먼저 추월해버릴 것이기 때문이다.

기본은 흔들지 않고 비즈니스 전략을 수정하는 피벗 전략의 성공 사례로 스포티파이(Spotify)를 들 수 있다. 디지털 음악 스트리밍 서비스 회사인 스포티파이는 무료 음악을 즐기는 많은 유저의 데이터를 보유하고 있었는데, 이들을 대상으로 하는 광고료가 기본적인 수입원이었다. 하지만 코로나로 인해 광고 수입이 줄어들면서 스포티파이는 큰 위기에 처했다. 이에 무료 음악 공급자라는 비즈니스 모델에서 팟캐스트를 활용한 오리지널 콘텐츠 제공자로 발 빠르게 비즈니스 모델을 피벗했다. 원래 가지고 있었던 음악 배포 플랫폼(Audio Distribution Platform)을 활용해 발 빠른 피벗을 준비하면서 이미 확보한 무료 유저들을 다양한 콘텐츠로 유인했다. 오바마 전 대통령 부부와의 전속 계약 등 독점 콘텐츠를 가지고 기존 고객을 유료 고객으로 이끈 것이다. 또한 집에서 보내는 시간이 많아진 유저들을 대상으로 뉴스, 팝 문화, 스포츠 등 다방면에 걸친 니즈에 부응하는 콘텐츠 제작과 공급에 주력했다. 비즈니스의 근본은 크게 변경하지 않으면서 시의적절한 피벗 전략을 구사해서 새로운 수입원을 개척한 좋은 사례다.

지금은 피벗 시대

피벗은 스포티파이 같은 스타트업만의 전략이 아니다. 코로나로 인해 소규모 비즈니스가 큰 타격을 받고 있다. 이에 많은 이들이 온라인으로 피벗하고 있다. 기존 사업모델을 계속 유지했으면 이미 문을 닫았을 가게들이 온라인으로 전환하면서 제품과 서비스를 지속적으로 전시, 판매하고 있다. 고급 식재료 납품 농장은 고급 식당 수요가 사라지면서 소비자에게 직접 판매하는 방식으로 피벗했다. 고객들이 발길이 뜸해진 식당은 모바일 앱을 활용해 고객에게 음식을 직접 배달하는 서비스로 피벗했다.

여행객 수요가 급감해 어려움을 겪던 일본의 여행사 HIS는 해외에 진출하려는 기업의 M&A 업무를 지원하는 방향으로 피벗했다. 해외 M&A를 담당하는 금융기관 직원이 해왔던 실사 업무를 대신해주는 것이다. 코로나로 인해 해외로 나가는 것이 어려워 M&A 시장이 정체된 상황에서 새롭게 시작한 비즈니스다.

M&A는 생산설비, 재고 등이 실제로 존재하는지 확인하는 실사 과정이 꼭 필요하다. 일반적으로 매수하는 기업과 M&A를 담당하는 금융기관 담당자가 현지를 방문해서 직접 실사하지만 해외 출장이 어려워진 상황에서 HIS의 현지 직원이 실사를 대행하는 서비스를 제공하는 것이다. HIS 직원은 현지 상황에 정통하다. 이전에도 기업이 해외에 진출할 경우 시장조사, 영업 대행을 해온 경험이 있다. 이러한 경험을 바탕으로 새로운 M&A 분야 업무에 피벗을 시도한 것이다. HIS는 세계 70개 국 303개 도시에 541개 거점을 가지고 있다. 해외여행이 불가능해지면서 일손을 놓게 된 일본 주재원, 현지 직원 등 현지 전문가들을 적극 활용해 만족할 만한 성과를 내고 있다.

유니레버(Unilever)는 소비자의 변화에 대응해 장기적이고 경쟁력 있는 성장을 유지하기 위해 피벗 전략을 구사했다. 스킨케어 제품 위주에서 패키지 상품, 표면세제(surface cleaner), 그리고 개인용 위생용품의 우선순위를 높이는 전략으로 피벗한 것이다. GAP, 나이키 등도 피벗 전략을 구사하고 있다. 이들 업체는 원래 가지고 있는 제조 기능을 활용해서 마스크, 가운, 스크럽 등을 생산하는 등 기존 자산을 활용해서 활발하게 새로운 가치를 창출하고 있다.

코로나의 여파로 많은 항공사가 적자를 면치 못하는 상황에서 대한항공은 2020년 2분기 연속 영업이익 흑자를 달성해 주목받고 있다. 매출이 반 토막 난 최악의 상황에서 여객 수송을 화물 수송 극대화 전략으로 피벗하면서 실적을 지켜낸 것이다. 쉬고 있는 여객기를 활용해 화물 공간을 최대로 확보해 수익을 최대화했다. 그 결과, 여객 매출은 전년 대비 87% 줄어든 반면 화물 매출은 59% 늘어났다. 매출에 차지하는 화물의 비율은 66%로, 여객 수송을 넘어섰다. 코로나 이전에도 매출에서 화물이 차지하는 비율이 20% 이상으로 다른 항공사에 비해서 높은 편이었으나 그 비율이 크게 높아졌다. 코로나로 큰 적자를 본 일본의 ANA와는 상반된 모습이다. ANA는 화물 수송이 전체 매출의 10%에도 미치지 못한다. 끝이 보이지 않는 코로나 상황에서 대한항공은 발 빠른 화물 수송으로의 전환으로 생존 전략을 펼치고 있다. 운송이라는 사업 비전과 항공기라는 자산을 활용해 경쟁사보다 빨리 피벗 전략에 나선 것이다.

성공적인 피벗, 힌지 포인트를 활용하라

코로나 상황에서 피벗은 주목할 만한 비즈니스 전략이다. 이를 효율적으로 구사하기 위해서는 힌지 포인트(hinge point)를 잘 활용해야 한다. 힌지는 방향을 바꾸는 축이 되는 부분이다. 힌지를 축으로 사용하면 큰 변화가 발생한다. 힌지 포인트를 잘 이용하면 무거운 물건을 힘들이지 않고 움직일 수 있다. 이런 방식을 코로나 시대의 마케팅 전략에 활용해야 한다.

장기적인 수익성과 지속성(profitability and sustainability) 확보라는 목표를 가지고 현재의 비즈니스 역량을 관련된 시장으로 확대시켜 나가는 데 있어서 피벗 전략은 필수적이다. 기존 비즈니스 전략이 먹히지 않으면 실패할 수밖에 없다. 실패하지 않기 위해서는 전략을 수정해야 한다. 비즈니스 가설이 생각처럼 진행되지 않을 때도 피벗이 필요하다. 판매가 순조롭지 않을 때, 크고 파괴적인 변화보다는 작은 곳에서 변화를 이끌어낼 수 있는지 찾아보자. 간단한 변화가 성공에 이르는 길일 수도 있다. 위험을 최소화하기 위해서 작은 곳에서부터 피벗을 시도하는 것이 필요하다.

피벗 전략이 성공하기 위해서는 다음과 같은 사항이 고려되어야 한다. 먼저 트렌드를 연구해야 한다. 코로나로 인해 일하거나 즐기거나 쇼핑하는 방식 모두가 바뀌었다. 성공적인 피벗을 위해서는 무엇보다 먼저 새로운 트렌드를 이해할 필요가 있다. 재택근무, 사회적 거리 두기(social distancing)로 인해 요구되는 새로운 기술을 이해하면 기업들이 이를 시장에서 활용할 새로운 방법을 얼마든지 찾아낼 수 있다. 디지털 라이프 스타일을 빨리 수용해서 온라인 영업 전략과 모바일 앱을 통해 소비자와 커뮤니케이션하는 방식으로 신속하게 전환한 기업들이 물리적인 만남의 장소가 다시 활성화되기를 참을성 있게 기다리는 기업보다 앞서가는 것은 바로 이런 이유에서다.

둘째, 현재의 비즈니스 모델을 바탕으로 해서 새로운 영역으로 확장해야 한다. 피벗 전략은 새로운 영역에 진출하는 것이 아니다. 피벗에서 성공하기 위해서는 그 브랜드가 가지고 있는 본질적인 상품에서 크게 벗어나지 않는 영역에서 움직여야 한다. 프라다(Prada)는 고급 패션의 대명사다. 패션 액세서리로도 유명하다. 프라다의 디자이너 마스크 출시는 기존 브랜드 인지도를 활용해서 포스트 코로나 시대에 주목받은 좋은 사례라고 볼 수 있다. 앞서 소개한 대한항공 역시 운송이라는 기존 비즈니스 모델을 흔들지 않았다. 여객에서 화물로 피벗한 것뿐이다.

셋째, 피벗은 수익성과 지속성이 유지되어야 한다. 새롭게 제시되는 제품 서비스는 기존에 가지고 있는 브랜드 가치를 유지하고 촉진시키면서 소비자에게 새로운 아이디어를 구매할 수 있도록 동기를 부여해야 한다. 처음에는 단기 수익을 창출하는 비즈니스 모델로 시작하되 장기적으로는 코로나 이후에도 지속할 수 있는 전환이 되어야 한다.

마지막으로 민첩성과 스피드다. 비즈니스 환경이 불확실한 상황에서는 신속하고 빠른 준비와 문제 해결이 중요하다. 가장 중요한 근본적인 가치는 지속적으로 유지하되 발 빠른 전략 수정 및 전환이 필요하다.

전대미문의 코로나 사태로 많은 경영자가 위기 상황을 극복하기 위해 새로운 전략과 아이디어를 선보였다. 하지만 전례가 없어서 즉흥적인 판단과 의사결정에 의존하는 경우가 많았다. 피벗에는 기민한 판단과 동시에 모호함을 헤쳐 나가는 기술이 요구된다. 코로나는 이런 부분의 역량을 강화할 수 있는 기회가 될 것이다.

유연하지 않은 비즈니스는 성공할 수 없다. 뻣뻣하고 융통성 없어서 뉴노멀에 적응하지 못하는 기업은 변화하지 않은 대가를 크게 치러야 할 것이다. 미래를 보는 눈과 변화에 기민하게 대처하는 능력을 가진 기업은 급변하는 세계에서도 충분한 보상을 받을 것이다. 지금의 위기는 규모와 상관없이 비즈니스에 있어 자신의 기본 역량을 재평가하고 변혁에 기반을 둔 성장에 집중할 수 있는 기회를 제공한다. 피벗과 변혁에 실패한 기업은 기존 비즈니스에 새로운 생명을 불어넣을 귀중한 기회를 잃어버리는 셈이다.

하지만 피벗은 위기를 극복하는 만병통치약이 아니다. 현실에 기반을 둔 니즈가 아니라 강박감이나 안달감으로 피벗으로 향하면 부작용이 생길 수밖에 없다. 소비자에게 새로운 가치를 제공할 수 있는 장기적인 관점에서 신중하게 피벗 전략을 구사해야 한다. 조직의 역량과 지향하는 궁극적인 목적과 항상 일치되는 피벗이 되어야 한다. 신속하면서도 스마트한 피벗이 요구된다.

사업 다각화, 리스크를 분산하라

네가 무엇을 가지고 있는지 먼저 파악하라.

그리고 왜 그것을 가지고 있는지 깨달아라.

피터 린치(Peter Lynch), 미국의 투자가

코로나로 인해 많은 기업이 예측하기 어려운 사태에 얼마나 준비되어 있지 않고 대응력이 약한지 실감하게 되었다. 이와 관련, 사업 다각화 전략의 중요성이 새삼 부각되고 있다. 기업의 규모와 상관없이 하나의 사업에 집중하는 리스크를 피하고 제2, 제3의 사업축을 구축해놓음으로써 균형 있는 이익 구조를 만들어놓을 필요가 있다. 즉, 리스크 분산이 필요하다. 사업을 다각화하면 위기가 닥쳤을 때 한 사업에서 매출이 떨어지더라도 다른 사업에서 이를 보완할

• • • 일본 젊은층에서 인기몰이를 하고 있는 BBQ 올리브 치킨(BBQ Olive Chicken).
출처 : https://bbq-olivechickencafe.jp

수 있다. 사업하는 지역에 관한 다각화와 판매 루트의 다각화도 중요하다. 코로나로 인해 외식 산업이 타격을 받았지만 일본의 패트스푸드 체인점들은 '우버이츠(Uber Eats)' 등 배달 앱과 제휴해 코로나 이전 수준의 판매량을 유지하고 있다. 재료, 부품의 조달 루트를 다각화하는 것도 필요하다. 위기 상황이 이어지면 일부 공급업체가 문을 닫을 수도 있기 때문이다. 코로나로 인해 해외에서 부품을 조달해 완제품을 만들어 판매하거나 반제품을 만들어 다시 큰 회사에 판매하던 중소기업들은 엄청난 타격을 받았다. 리스크 분산 차원에서 국내에서 부품을 조달할 수 있는 사업 구조를 구축해놓았으면 위기 상황에서도 어렵지 않게 사업을 이어갈 수 있었을 것이다. 마케팅

담당자는 늘 돌발 변수를 염두에 두고 '대체 공급망'을 확보해두어야 한다. 평소 확보해둔 대체 공급망은 위기 상황에서 빛을 발할 것이다.

사업 다각화는 위기 상황에서 빠른 해결 방법을 제공한다. 하지만 그것보다는 장기적인 관점에서 전략을 수립하는 것이 중요하다. 피벗 전략과 마찬가지로 핵심 역량을 파악하고 기업이 가지고 있는 장점을 살려야 한다. 많은 기업이 사업 다각화 전략을 실행하고 있다. 이와 관련, 단순히 단기적으로 위기를 극복할 수 있는 전술을 넘어서 좀 더 근본적인 비즈니스 전략의 전환인 중기적인 관점에서 접근할 필요가 있다.

다도 수업하는 호텔, 치킨집 내는 이자카야

얼마 전 호텔업계에서 신라호텔의 소식이 화제가 됐다. 서울 신라호텔이 요가와 다도 수업을 운영한다면서 밝힌 유사 상품 개발 계획 때문이었다. 숙박업이 핵심인 특급 호텔에서 숙박 외의 상품을 지속적으로 내놓겠다고 공식적으로 발표한 건 이례적인 일이다. 코로나로 직격탄을 맞으면서 큰 타격을 입은 대표적인 업종이 호텔 업종이다. 다각화하기 쉽지 않은 사업 모델 탓에 위험을 안정적으로 분산시키지 못한 것도 타격이 컸던 이유다. 신라호텔은 이 같은 어려움을 타개하기 위해 적극 나섰다. 그 결과가 어떨지 귀추가 주목된다.

한국에도 진출해 젊은이들 사이에서 인기 있는 일본 대형 이자카야 체인점 와타미는 코로나로 직격탄을 맞았다. 60개 이상의 점포를 폐쇄했는데, 앞으로도 더욱 줄어들 것으로 보인다. 와타미는 이렇게 줄어드는 이자카야를 야키니쿠점(한국식 고기집)이나 가라아게(치킨 요리) 전문점으로 업종 전환을 하기 위해 서두르고 있다. 이와 관련, 와타미는 현재 운영 중인 한국 치킨 브랜드인 'BBQ치킨'의 규모를 더욱 늘려갈 계획이다. 사업의 중심축인 기본 핵심은 유지하면서 상황에 맞게 비즈니스를 유연하게 변화시켜가는 피벗 전략이다.

와타미는 외식 산업이 주된 사업 영역이지만 코로나 이전부터 거기에만 집착하지 않았다. 외식 산업과 더불어 음식 배달 사업을 오래전에 시작했다. 농업, 에너지 등으로 사업 영역을 확대하기도 했다. 최근에는 고령화 기조에 맞춰 노인 간호 사업에 착수했다. 계속 이자카야 사업만 했더라면 코로나로 인해 회사는 도산 또는 그에 못지않는 위험에 처했을 것이다. 피벗 전략을 구사하면서 동시에 사업 다각화를 준비한 덕택에 와타미는 더욱 성장하고 있다.

여행업계도 최대 위기 상황을 맞았다. 일본 여행업계를 선도하는 여행사 HIS는 여행과 관련있는 다양한 사업을 개발해 회사 전체 비즈니스에서 여행업이 점하는 비율을 현재의 90%에서 20%까지 줄일 계획이다. 이를 위해 사원들로부터 사업 다각화를 위한 다양한 아이디어를 모집 중이다. 그 하나의 예로 원격 성묘가 있다. 지방이나 해외에 거주하는 사람들을 대상으로 성묘를 대신해주는 서비스다. 영상 통화를 통해 원격으로 성묘할 수도 있다. 회사 사원이 성묘 과정을 안내해줄 뿐만 아니라 묘지 관리까지 맡아준다. 이러한 경험을 발전시켜서 관혼상제로 사업을 다각화할 계획이다. 사업 다각화는 각 사업부 사이의 연계를 통한 시너지 효과도 중요하다. HIS는 동시에 피벗 전략도 구사하고 있다. 바로 영상 통화를 활용한 리모트 여행이다. 해외의 관광지를 가이드가 온라인으로 안내하면서 고객이 마음에 들어하는 잡화나 관광 상품이 있으면 대리 구매해준다. 온라인으로 미리 체험한 후에 코로나 이후 사회가 안정되면 실제로 현지로 여행을 떠나고 싶게끔 동기를 제공한다. 진짜 여행을 떠나기 전의 예행 연습이라고도 할 수 있다. 코로나가 아니었으면 생겨나지 않았을 여행 상품이다.

게임업체인 엔씨소프트는 2011년부터 AI 연구를 시작해 현재 개별 AI 센터와 5개 연구소를 운영 중이다. 200명에 달하는 전문 연구인력이 다방면에 접목할 수 있는 연구를 이어가고 있다. 최근 게임 개발 및 서비스에 AI가 활발히 활용되면서 AI 기술에 대한 투자가 가시적 성과를 보이고 있다. 앞으로 AI 기술은 게임뿐만 아니라 금융, 더 나아가 엔터테인먼트 사업에도 이용될 것이다. 사업 다각화에 대한 새로운 도전이 예상된다.

DNP, DX로 제3의 창업에 나서다

인쇄업계도 사업 다각화를 통해 새로운 돌파구를 찾고 있다. 영국 이코노미스트 인텔리전스 유닛(Economist Intelligence Unit)에 의하면 2020년 세계 인쇄 시장 규모는 2017년에 비해 8.2% 성장한 4210억 달러로 예상된다. 하지만 이는 인도 등 신흥시장에서 확대된 것이지 미국, 유럽을 비롯한 선진국 시장에서는 축소되는 추세다. 종이 매체의 전자화가 가속화되면서 인쇄 수요는 앞으로 전반적으로 감소할 것으로 보인다.

일본의 최대 인쇄업체인 DNP(대일본인쇄)는 새로운 창업을 준비하고 있다. 고객의 요청을 받아 인쇄해서 납품하는 수동적인 방법만으로는 비즈니스를 지속하기 어렵다고 판단한 데 따른 것이다. DNP는 사회문제를 해결하는 제품이나 서비스를 개발하기 위해 디지털 기술을 적극적으로 수용하고 있다. 지금까지 인쇄 사업을 하면서 오랫동안 축적해온 노하우를 디지털 분야에서 활용하고 있는 것이다.

대표적인 예가 온라인 진료를 위한 화상 조정 장치다. 원격 진료는 스마트폰 화면을 통해 보여지는 환부의 색깔이 정확하지 않아서 자칫 오진할 수 있다는 문제가 있다. DNP가 보유한 기술을 적용하면 스마트폰으로 보이는 영상의 색조를 보정해서 육안으로 보는 것과 거의 같은 수준으로 재현하는 것이 가능하다. 모두 9가지 색깔로 구성된 1제곱센티미터의 컬러 차트를 환자에게 보내 환부 옆에 놓은 후 컬러 차트와 환부를 한꺼번에 스마트폰으로 촬영해서 그 영상을 의사에게 보낸다. 컬러 차트를 바탕으로 보내온 영상이 정확한 색상으로 보이도록 보정하면 환부의 색깔을 정확히 파악할 수 있다. 이로써 원격진료를 하는 의사의 정확한 진단이 가능해진다.

최근에는 색과 서체에 관해 100년 이상 축적된 데이터를 활용해서 'DNP 버추얼 익스피어리언스(DNP Virtual Experience)'라는 새로운 상품을 출시했다. 온라인으로 고객을 접하는 부동산이나 인테리어 업체가 주요 고객이다. DNP는 주택 자재의 인쇄 데이터를 2만 점 이상 보유하고 있다. 보드에 디자인 영상을 인쇄해서 나무 질감 또는 가죽 질감 바닥재나 도배지를 생산하는 건축 자재 제조 사업을 운영해왔기 때문이다. VR용 헤드폰을 착용하면 이 방대한 데이터를 바탕으로 제작된 고정밀 CG로 재현된 방이 보인다. 나뭇결 무늬 바닥재, 벽지, 벽장 등의 질감이 실물을 보는 것을 방불케 한다. 지금까지 축적된 디자인 데이터를 CG에 등록해서 활용함으로써 사진을 기반으로 제작되는 CG보다 재현성을 훨씬 높인 것이다.

DNP는 이러한 사업 다각화 전략으로 제3의 창업을 준비하고 있다. 1986년의 제1기 창업은 종이 인쇄, 1951년부터의 제2기 창업은 포장과 건자재, 전자 디바이스 진출이었다. 이때까지는 주문을 받고 인쇄하는 수동적인 자세로 사업을 운영했다. 제3의 창업은 수동적인 방법이 아닌 사회문제를 적극적으로 해결하는 제품과 서비스를 개발하는 것이다. 그 중심에는 DX를 축으로 하는 사업 다각화 전략이 있다.

우리에게는 조금 생소하지만 독일에는 G&D(Giesecke+Devrient)라는 회사가 있다. 1852년에 창업한 지폐 인쇄 전문회사로, 현재는 보안 기술 관련 사업에 전념하고 있다. 지폐 등 기밀성이 높은 인쇄 데이터를 관리하는 기술을 보안 기술이라는 새로운 사업에 적용해 사업 다각화에 성공한 사례다. 최근 LG는 이 회사와 함께 USIM 내장 기술 iUICC 기반의 통신 모듈을 개발하고 서비스 인증을 마쳤다.

사업 다각화 vs. 피벗 전략

사업 다각화와 피벗은 일맥상통한다고 볼 수 있다. 경우에 따라서는 같은 의미로 사용되는 경우도 있다. 사업 다각화가 중장기적인 관점의 접근이라면 피벗은 단기적인 전략으로 실행되었다가 중기, 길게는 장기 전략으로 전환되는 경우도 있다. 피벗이 중심축을 확고하게 두고 움직이는 것에 비해 사업 다각화는 장기적인 관점에도 좀 더 유동적이다. 피벗이 순발력을 가지고 민첩하고 스피드 있게 움직이는 것이라면 사업 다각화는 전략적 사고와 분석에 의한 포괄적이면서 장기적인 비즈니스 플랜에 가깝다. 변화에 적극적으로 대응해 위기를 기회로 만들기 위해서는 사업 다각화 전략과 피벗 전략을 균형 있게 구사해서 고객의 문제를 해결하고 새로운 시장을 만들어가는 적극적인 자세가 필요하다.

	피벗 전략	사업 다각화 전략
기본 방식	중심축 고정, 좁은 개념의 기존 비즈니스 모델에 대한 변화	중심축이 유동적, 폭넓게 이동 가능, 새로운 비즈니스 모델 탄생
기간	특정 시기나 상황에 대응하기 위한 단기 전략	중장기적인 관점에서의 비즈니스 전략
요구되는 역량	민첩, 스피드, 유연성, 순발력	전략적인 사고, 장기적인 플랜
목표	단기적이고 구체적인 문제 해결	리스크 분산, 사업 구조 개혁
대표 사례	-스포티파이의 유료 음악 배포 플랫폼(Audio Distribution Platform), -대한항공의 화물 수송 강화	-와타미의 농업·에너지 사업, 노인 간호 사업 -DNP의 원격 진료 화상 조정 비즈니스 -후지필름의 화장품 사업

··· 피벗과 사업 다각화 전략의 비교

생존의 갈림길, 후지필름과 코닥

생존한 종은 가장 강하거나 가장 똑똑한 것이 아니라,

변화에 가장 잘 적응할 수 있었던 것이다.

찰스 다윈(Charles Darwin), 영국의 생물학자

　시장은 항상 변한다. 잘나가다가 소비자의 니즈가 변하거나 사회적인 트렌드가 바뀌면서 비즈니스가 어려워지는 경우를 종종 목격한다. 쇠퇴하는 부문에 속한 기업은 축적된 기술을 활용해서 어떻게 새로운 분야를 개척해갈 것인가 고민해야 한다. 후지필름(Fujifilm)은 디지털 카메라의 등장으로 사진 필름의 수요가 급감하자 필름 기술을 다른 분야에 발 빠르게 응용해 액정 관련 분야, 그리고 화장품 의료기기 분야 등을 새로운 성장 엔진으로 일궈가고 있다. 같은 업종에 속해

있던 코닥(Kodak)이 사라져버린 것과는 매우 대조적이다. 과거 필름 산업의 양대 산맥을 형성했던 미국의 코닥과 일본의 후지필름을 비교하면서 사업 환경이 급변하는 상황에서 기업이 어떻게 전략적으로 대처해야 하는지 타산지석으로 삼을 수 있을 것이다.

코닥이 몰락할 때 후지필름은 어떻게 살아 남았을까?

2001년은 필름 판매의 전성기였다. 하지만 정상이 있으면 그 뒤에는 위험한 계곡이 숨어 있는 법이다. 필름 판매량은 서서히 감소하기 시작하더니 금세 속도가 붙으면서 매해 20~30%씩 줄어들었다. 2010년에는 10년 전에 비해서 10분의 1 수준으로 시장이 축소됐다. 이런 분위기 속에서 코닥은 아날로그 시대에 안주할 뿐, 디지털 시대에 적응하지 못했다. 1975년 세계 최초로 디지털 카메라를 개발했으나 필름으로 수익을 내는 구조에만 집중한 것이다. 시대의 트렌드를 빠르게 읽고 재빠른 구조조정으로 위기를 돌파하거나, 과감한 사업 구조 개편으로 회사를 재기시켜야 하는데 코닥은 그러지 못해서 결국은 파산하고 말았다.

반면에 후지필름은 디지털 필름이라는 위기를 극복하고 재도약의 계기를 만들었다. 후지필름의 성공 뒤에는 사업 다각화 전략이 숨어 있다. 2000년과 2010년의 코닥과 후지필름의 수익을 비교하면 그

	2000년	2010년
코닥	140억 달러	72억 달러(-48%)
후지필름	1조 4000억 달러	2조 2000억 달러(+57%)

· · · · 코닥과 후지필름의 수익 추이 비교

차이를 확실히 알 수 있다.

2000년 이후 디지털화가 급속하게 진행되면서 주력 제품인 사진 필름의 수요가 감소하는 가운데 후지필름은 과감하게 중점 사업의 전환을 강행했다. 기존 기술을 의약, 화장품, 고기능 소재에 적용한 것이다. 또한 LCD 스크린이 붐을 이룰 것을 예상하고 이 분야에 적극 투자했다. 컴퓨터, TV, 스마트폰에 필요한 LCD 패널 제작에 필수적인 고성능 필름 '퓨니텍(FUNITAC)'을 개발했다. 현재 이 상품은 보호용 LCD 평광기 필름 시장을 70% 점유하고 있다. 필름 기술의 핵심인 콜라겐에서 추출하는 젤라틴 기술을 활용해 2006년에는 화장품 사업을 시작하고 2007년 여성용 화장품 아스타리프트(ASTALIFT) 시리즈를 런칭한 데 이어 2019년 남성용 스킨케어 시리즈 아스타리프트 멘(ASTALIFT MEN)을 선보이며 시장 확장에 나섰다.

이러한 사업 다각화의 노력으로 후지필름은 완전히 새로운 회사로 재탄생했다. 2000년에는 필름 부문이 매출의 60%를 차지했다면 이제 영상 사업부의 수익은 16% 정도에 불과하다. 과감한 구조조정과 사업 다각화 전략을 통해 디지털이라는 태풍을 피할 수 있었던 것이다.

사업 구조 개선과 관련, 후지필름은 4가지 연구 기술에 주목했다. 필름의 주원료인 콜라겐 연구, 사진의 색이 퇴색되는 것을 방지하는 항산화 기술, 광해석(光解析) 컨트롤 기술, 그리고 얇은 필름에 도포하는 성분을 최소화하는 나노화 기술이 바로 그것이다. 이와 병행해서 미용 성분인 아스타크산틴을 독자 기술으로 나노화하는 데 성공해 화장품 개발에 적용했다. 후지필름이 화장품 업계에 진출했을 당시 업계에서는 이종 업종이 화장품 업계에 진출했다고 해서 큰 뉴스거리가 되었다.

핵심 역량을 이용해 다각화에 나서다

후지필름은 다양한 사업적 시도를 한 끝에 사진 필름을 만드는 회사에서 필름을 포함한 화학 소재를 기반으로 여러 가지 다양한 분야에 진출한 회사, 사업 다각화에 성공한 회사로 변모했다. 여기서 가장 중요한 것은 핵심 역량을 이용한 사업 다각화다. 사진용 필름은 100가지 화학물질이 포함된 20개의 층으로 구성돼 있다. 필름에 화학 처리를 하고, 층을 입히는 정밀한 기술을 활용해 후지필름은 LCD 패널에 사용되는 필름을 만들었다. LCD 패널은 컴퓨터 보급, TV의 평면 화면 전환, 그리고 스마트폰의 급격한 성장 등으로 인해 2000년대부터 그 수요가 엄청나게 성장했다. 후지필름은 이런 시장의 움직임을 읽고 오래된 기술을 활용하여 새로운 시대에 맞는 새로운 제품을 시장에 내놓은 것이다.

또한 후지필름은 회사의 핵심 기술을 활용해 제약과 화장품 시장에 진출했다. 사진 필름의 주요 구성 물질인 콜라겐은 사람 피부의 70%를 구성하는 성분이다. 후지필름은 자사의 콜라겐 관련 기술을 필름이 아니라 인체에 적용하는 데 나섰다. 사진이 바래는 것은 산화 작용 때문인데, 후지필름은 사진이 바래는 것을 막는 항산화 기술을

• • • 사업 다각화 전략에 성공한 후지필름의 주력 사업으로 성장한 화장품.
출처 : 저자 촬영

갖고 있었다. 주름살 등 피부 노화를 초래하는 것도 산화 작용 때문이다. 후지필름은 노화 방지를 위한 약품이나 화장품 개발에 항산화 기술을 활용할 수 있을 것으로 보았다. 또한 좋은 화질의 사진을 만들기 위한 연구개발에서 얻은 나노 기술을 활용해 화장품을 피부에 골고루 흡수되게 만들 수 있었다. 핵심 역량을 활용해 사진 필름과 전혀 다른 새로운 시장에 진출함으로써 후지필름은 지속적인 성장을 할 수 있었다. 최근에는 사업을 더욱 다각화하면서 의료기기, 의약품, 재생 의학, 헬스케어 사업, 디스플레이 재료 등 고기능 소재 사업, 복합기 프린터와 연계한 솔루션 서비스의 문서 사업 등을 운영하는 다변화 기업으로 완벽하게 탈바꿈하는 데 성공했다.

사업 모델과 핵심 역량은 다르다

왜 같은 사진용 필름 회사로 출발했지만, 코닥은 처참하게 무너지고 후지필름은 계속 성장할 수 있었을까? 코닥은 자신이 잘하는 것이 사진 사업이라고 생각했고, 거기에 집중했다. 잘하는 것에 집중하겠다는 사고 자체는 좋지만, 문제는 코닥이 자신이 해온 사업 모델인 사진용 필름 사업을 자신의 핵심 역량이라고 정의해버린 것이다. 그 결과, 잘할 수 있는 시장이 사진 시장으로 한정되어버렸다. 반면 후지필름의 시각은 달랐다. 사진용 필름 사업 자체가 아니라 거기에 쓰이는 기술을 핵심 역량으로 파악했다. 물론 익숙한 사진 사업과 달리 LCD용 필름이나 제약, 화장품 사업 등 새로운 시장에 진출하기 위해서는 새로운 역량을 갖춰야 했다. 하지만 자신들의 기술이 경쟁력이 될 수 있음을 확인한 후지필름은 새로운 사업을 통한 사업 다각화에 성공할 수 있었다.

현재 주력하는 사업 모델이 핵심 역량과 항상 같을 것이라고 생각해서는 안 된다. 회사를 둘러싼 환경이 어떻게 변해가는지 주시하면서 핵심 역량을 활용할 수 있는 새로운 기회를 찾기 위해 항상 주의를 기울여야 한다. 급변하는 환경을 주시하면서 끊임없는 혁신과 노력으로 품질과 생산성을 향상시켜 나가야 한다. "가장 강하거나 가장 지능이 높은 종이 살아남는 것이 아니라 변화에 가장 잘 적응하는 종이 살아남게 되는 것이다"라고 말한 찰스 다윈의 명언이 경영에 시사하는 바는 크다.

"미네르바의 올빼미는 황혼이 깃들 무렵 나래를 편다." 헤겔이 《법철학》 서문에서 한 말이다. 세상 일은 인간의 짧은 식견으로는 그 결과를 미리 알 수 없고, 그 일이 옳은지 잘못됐는지는 뚜껑을 덮고 나서야 판가름 난다. 미네르바는 지혜의 여신이다. 부엉이는 특성상 밤에 깨어서 모든 것을 볼 수 있기 때문에 지혜의 상징으로 받아들여졌다. 행운의 상징, 지혜의 신, 숲은 지키는 신이라는 의미를 갖고 있다. 미네르바는 한 시대가 끝나면 올빼미를 날게 해서 지금까지의 시대가 어떠한 시대였는지 왜 저물게 되었는지 큰 눈으로 보도록 했다. 과거 시대가 이러한 시대였으니 다음 시대는 어떻게 대비해야 할지 올빼미의 눈을 통해서 확인한 것이다. 후지필름 연구소의 상징물은 미네르바의 올빼미다. 연구소 외벽을 비롯해 입구와 현관에 이르기까지 미네르바 올빼미의 상징물을 접할 수 있다. 후지필름은 필름 시대가 문을 닫고 디지털로 변해가는 시대에 디지털카메라, 의약품, 화장품 등에 핵심 기술에 적용해서 훌륭하게 시대의 변화를 이겨냈다. 이런 면이 높은 평가를 받으며 후지필름은 2020년 〈포브스 재팬(Forbes Japan)〉이 AI 기술을 활용해서 선정한 미래의 성장 기업 1위로 오르기도 했다.

DX2.0
Digital Transformation Marketing

4장

DX 2.0 시대,
마케팅의
주인공은 개인

DX 2.0과 D2C

현재 있는 곳에서 시작하라. 현재 가지고 있는 것을 활용하라.

당신이 할 수 있는 것을 하라.

아서 애시(Arthur Ashe), 미국의 테니스 선수

중간 유통상을 경유하지 않고 소비자에게 직접 상품이나 서비스를 판매하는 D2C(Direct to Customer)가 주목받고 있다. 제조에서 물류까지 디지털 기술을 활용한 차세대 판매 방식이다. D2C를 도입해 유명 브랜드의 틈새를 뚫고 들어가 고객의 니즈를 파악해 꼭 맞는 서비스나 제품을 선보여 성공하는 소규모 브랜드가 늘고 있다. D2C 이전에 이와 비슷한 모델로 직판이 있었지만 D2C가 직판과 다른 점은 디지털 기술을 바탕으로 한다는 점이다. 디지털 기술을 바탕으로 하는

온라인 판매로 상품을 직접 고객에게 전달함으로써 중간유통 비용을 절감하는 한편 SNS를 중심으로 하는 마케팅 활동으로 광고비를 절감한다. 경비 절감만 가능한 게 아니다. 고객으로부터 다양한 데이터를 수집해서 제품 개발, 생산, 판매 등 마케팅 프로세스에 반영한다.

디지털 기술 발달로 D2C는 훨씬 용이해졌다. 상품을 고객에게 전달하는 물류 시스템도 디지털 기술로 진화를 거듭하면서 소규모 브랜드도 지금까지 접근하기 어려웠던 물류 서비스를 손쉽게 이용할 수 있게 되었다. 많은 D2C 비즈니스가 온라인 판매와 더불어 오프라인 매장도 같이 운영하고 있다. 이 경우 매장은 브랜드 인지도 확대 및 제품 체험의 장으로 활용하면서 고객 데이터 수집하는 통로가 된다.

코로나 시대, 스마트한 개인이 몰려온다

코로나 시대의 유통 구조는 판매자와 구매자 간의 장벽이 낮아지고, 개인이 주역으로 등장하는 특징을 보인다. 대면 판매가 줄어들고, 개인 소매점이나 음식점도 DX를 활용한 D2C 판매 방식을 적극 활용한다. DX는 더 이상 대기업의 전유물이 아니다. 인터넷을 활용한 유통 세계에는 규모로 인한 차별이 존재하지 않는다. 아마존 같은 거대한 온라인 플랫폼이 유통 세계를 지배하다시피 하는 상황에서 개인이 주역인 소규모 소매점이 등장해 새로운 유통 형태를 서서히 확대해 나가고 있다. 누구든지 쉽게 온라인 매장을 열 수 있는 시대가 도래했다. 전자상거래 시장의 주도권이 변화할 가능성이 엿보인다.

미국에서 시작된 D2C는 세계 각지로 전파되고 있다. 중간 유통상을 거치지 않고 소비자를 자사 온라인 매장으로 끌어들여 직접 판매하는 D2C는 개성을 강조하는 의류나 식료품 등의 부문에서 소비자 개개인의 기호에 맞는 제품을 제공하고 있다. 소비자의 범위를 좁게 타기팅하여 직접 판매를 통해 영역을 넓혀가고 있는 것이다. 예전에는 대형 브랜드 중심으로 소비자와 판매자의 커뮤니케이션이 주도되었다면, 이제는 1인 사업자나 중소기업, 스타트업들이 자사 미디어를 활용한 플랫폼을 통해 스스로 소통하는 방법을 찾아 나서고 있다. 소비자 대상(B2C), 법인 대상(B2B), 그리고 전자상거래 사이트 구축 지원 등으로 지금까지 주변 분야에 머물렀던 소규모 영세 기업의 존재감이 부각되고 있다. 유통업계를 지배하는 것은 이제 더 이상 대기업이 아니다.

세계 곳곳에서 이러한 움직임이 활발하게 보인다. 미국 샌프란시스코의 필모니아 스트리트(Fillmore Street)에는 젊은층에게 인기 있는 분위기 있는 카페와 예쁜 잡화점이 밀집해 있다. 이곳은 패션 브랜드 레베카밍코프(Rebecca Minkoff), 랄프로렌(Ralph Lauren), 화장품 브랜드 베네피트(Benefit), 키엘(Kiehl's) 등의 점포가 들어서 있어서 주말이 되면 외식과 쇼핑을 하기 위해 나온 사람들로 붐비는 곳이었다. 하지만 코로나의 영향으로 사람 그림자도 보기 힘든 상황이 계속됐다. 주방용품과 문구 중심의 잡화점을 선보인 차드라 탠(Chadra Tan)은 비즈니스가 성공 궤도에 올랐는데 코로나의 영향으로 휴업할 수밖에 없는 상황이 되자 고민에 빠졌다. 탠은 바로 인터넷 판매로 전환해 제로 수준이었던 매출을 코로나 이전의 60% 수준까지 끌어올렸다. 무명의 매장인데도 D2C를 활용해 비즈니스를 유지하고 있는 것이다.

에도시대부터 상점가로 이름이 높은 도쿄 아자부주반[麻布十番]은 이색적인 카페로 주목받는 곳이다. 코로나의 직격탄을 맞아 폐업이 줄을 잇는 가운데 테일러드 카페(Tailored café)는 고객을 온라인으로 유도해 활로를 모색하고 있다. 2019년 문을 연 이후에 완전한 캐시리스(cashless)를 도입해 정액 요금제인 서브스크립션 커피 판매를 시작했다. 고객은 앱을 다운 받아 주문하고 결제한다. 이렇게 D2C 판매 방식을 정착시켜 나갔다. 코로나가 위세를 떨치기 시작했을 무렵 3000명 정도의 고객을 확보했는데, 지방 낙농가의 우유와 치즈 등 유제품 판매까지 제품을 확대하며 위기를 헤쳐 나가고 있다.

소규모 개인 온라인 몰을 지원하는 비즈니스 모델로, 일본의 베이스(BASE)가 있다. BASE는 코로나를 계기로 사업이 정점에 이르렀다. 2020년 9월 말 현재 120만 개 매장이 이용하고 있는데, 코로나 이후 20만 개 정도가 늘어났다. BASE 창업자는 지방에서 소규모로 여성용 의상실을 운영하고 있는 어머니에게 사업적 영감을 받았다고 한다. 개인사업자인 어머니는 인터넷으로 옷을 팔고 싶은데 일본의 대표적 전자상거래 업체인 라쿠텐(Rakuten)이나 아마존 같은 대형 플랫폼은 조금 부담스럽다고 했다. 그런 어머니의 모습을 보고 결제 서비스 기능을 추가해서 지방의 개인 상점도 간단하게 온라인 점포를 낼 수 있는 서비스를 선보였다.

D2C는 코로나를 계기로 세계적으로 주목받으며 최근에는 등록 후 15분 만에 점포를 선보일 수 있는 서비스가 개발되는 등 인기를 끌고 있다

마이크로 D2C, '나'만을 위한 가치를 제공한다

이제는 누구든 자신만의 브랜드를 가질 수 있다. 디지털 시대의 신세대식 브랜딩이다. 스스로 기획 제조한 상품을 중간 유통상이나 점포를 경유하지 않고 자신만의 온라인 몰에서 판매하는 모델인 D2C가 인기를 얻고 있다. 이들은 특이하면서 스토리 있는 제품으로 열렬한 팬을 만들고 있다. 많은 경우, 오프라인 점포를 개설하지 않아서 점포 운영 비용을 절감할 수 있다. 이렇게 절감한 비용은 상품 개발이나 마케팅 활동에 투자한다. 디지털 기술로 고객의 희망 사항이나 의견을 취합해 제품을 개선하거나 신제품을 개발하는 데 활용하는 것이다. 아울러 SNS나 자사 미디어를 활용해 브랜드나 상품의 특성을

··· 무려 3만 종류의 조합이 가능한 D2C 샴푸 브랜드 메둘라.
출처 :Sparty 제공

자세히 설명하면서 돈독한 커뮤니티를 만들어가고 있다. D2C 브랜드
는 소규모이기 때문에 민첩하게 움직일 수 있다. 따라서 다양성을 요
구하면서도 자신에게 꼭 맞는 서비스를 추구하는 소비자의 니즈에
맞춘 브랜드를 만들 수 있다.

　　일본에서는 다양한 상품의 D2C가 성공을 구가하고 있다. D2C 브
랜드 '메둘라(MEDULLA)'는 3만 개나 되는 조합을 가지고 고객에게 가
장 적합한 샴푸와 컨디셔너를 배달해주는 서비스를 하고 있다. 샴푸
를 선택하는데 어려움을 겪는 여성들의 호응을 얻으며 2020년 6월 부
터 2021년 6월 사이에 매출이 300% 이상 성장했다.

그린스푼(Green Spoon)은 고객의 생활 습관에 따라 가장 잘 어울리는 조합의 스무디를 배달해주는 월정액 서비스다. 창업한 지 6개월 만에 월 3000만 엔의 매출을 달성하는 등 성장가도를 달리고 있다. 다이어트, 근력 향상, 냉체질 같은 신체적 특징과 빈번한 술자리, 수면 부족, 육류·생선 섭취 부족 같은 생활 습관을 조합해서 총 25종의 레시피를 개발했다. 건강이 무엇보다 중요한 화두가 된 사회적 트렌드와 맞물려 크게 성장할 수 있었다. 최근에는 수프 배달 서비스까지 사업을 확대하고 있다.

컬러리스(COLORIS)는 고객의 모발 질과 희망하는 색을 반영해 적합한 헤어 컬러와 트리트먼트를 배달해주는 서비스다. 외출을 자제하면서 미용실 방문이 꺼려지는 상황에서 고품질 헤어 컬러에 대한 니즈가 고조되었다. 컬러리스는 머리카락 길이, 모발의 질, 희망 색깔, 염색 시간 등을 바탕으로 무려 1만 가지에 이르는 염색약과 트리트먼트 조합을 선보인다. 집에서도 미용실 수준의 염색이 가능해진 것이다. SNS를 중심으로 한 디지털 마케팅으로 고객에게 접근하고 있는데, 매출 성장세가 가파르고 서비스 지속율은 무려 90%에 달한다.

고객의 니즈에 맞춘 브랜드의 세분화가 가속화되고 있다. 이처럼 누구나 손쉽게 시작할 수 있는 D2C는 다양한 상품군에서 점점 세분화, 마이크로화되어가면서 소비자에게 한 발 더 다가서고 있다.

최근 새롭게 떠오르는 트렌드로 독립 근로자(Independent Worker)가 있다. 직장이라는 중개역을 통하지 않고 자주적으로 일하는 사람들을 지칭하는데, 유튜버가 대표적이다. 이들 독립 근로자가 D2C의 세계를 더욱 넓히고 있다. 이들의 수가 늘어나면서 다이렉트 소비자 시장이 또한 커지고 있다. 이들은 혼자 일하지만 동시다발적으로 전 세계와 연결되어 있다. 한 발만 나가면 아무리 멀리 있는 사람과도 소통할 수 있다. 온라인으로 자기만의 브랜드를 가지고 세계 누구와도 소통하고 상품이나 서비스를 판매할 수 있다. 독립 노동자의 성장과 더불어 D2C의 가능성은 무한해지고 있다. 여기서 중요한 것이 마이크로 인플루엔자다. 팔로워가 수천에서 많으면 수만 명 정도 되는 마이크로 인플루엔자는 100만 명 이상의 팔로워를 보유한 메가 인플루엔자와는 규모나 영향력에 있어서 비교할 수 없지만, 어느 특정 장르에 강점이 있는 긴밀한 커뮤니티를 만들 수 있다. 따라서 소비로 연결되기 쉽고 D2C 친화도가 매우 높다. 마이크로 D2C에는 마이크로 인플루엔자 같은 독립 근로자가 필요하다. 좁은 타깃과 명료한 스토리를 무기로 기호를 세분화하면서 대량 생산, 대량 소비를 전제로 하는 대형 업체와는 차별화되는 전략을 구사해 소비자의 호응을 얻고 있다.

D2C, 고객과의 커뮤니케이션이 성공의 열쇠

D2C에서 간과하면 안 되는 부분이 있다. 바로 고객과의 직접

적인 커뮤니케이션을 통해 고객과 밀접하면서 지속적인 관계 수립이 가능하다는 점이다. 이를 통해 고객의 구매를 포함한 행동 데이터, 심리 데이터를 얻을 수 있다. 구매 후에도 고객의 평가, 반응 데이터를 축적할 수 있다. 이런 데이터를 마케팅 활동을 개선하거나 CRM(Customer Relationship Management), 제품을 개발하는 데 활용한다. 마케팅의 기본이 되는 고객과 친밀한 관계를 형성하면서 기존 고객들의 충성도를 높이거나 신규 고객을 넓혀가는 확장 마케팅도 가능하다. 고객과 지속적으로 커뮤니케이션할 수 있는 고객 관리가 D2C의 핵심이다. 고객 데이터를 분석하면 새로운 사업 개발도 가능하다. 규모에 상관없이 많은 기업이 고객에게 상품이나 서비스를 직접 판매할 수 있는 D2C 모델을 채용하고 있다. 이는 단순한 직접 판매나 D2C 브랜드를 의미하는 것이 아니다. 뉴노멀 시대의 사업 또는 마케팅에 있어 불가결한 선택이다.

아마존 vs. 쇼피파이

어떤 물건이 존재할 필요가 있다고 믿고, 그 물건이 당신이 사용하고 싶은 것이라면

다른 어떤 사람이 당신이 그렇게 하는 것을 방해하지 않도록 해야 한다.

토비아스 루트케(Tobias Lutke), 쇼피파이 CEO

장난감, 스포츠용품, 도서 체인. 아마존이라는 전자상거래 업계의
거물이 지금까지 파괴한 산업 분야다. 아마존은 지금까지 보지 못했
던 빠른 배송과 저렴한 가격이라는 차별화된 무기를 가지고 많은 소
매업체를 무기력하게 만들어 차마 맞붙어 싸울 생각조차 못 하게 만
들었다. 코로나 팬데믹이 시작되고 많은 비즈니스가 타격을 받았지만
아마존의 수요는 급증했다. 코로나의 영향으로 집에서 보내는 시간이
많아지면서 아마존의 2020년 매출은 전년 대비 38% 증가한 3860억

달러를 기록했다. 1년 사이에 1000억 달러나 증가한 것이다. 순이익은 전년 대비 84% 늘어났다. 아마존은 최고 실적을 경신하면서 영역을 계속 넓혀가고 있다. 다음 목표 분야는 약국, 중소기업 대상 융자, 배송 및 물류, 온라인 식품 판매, 결제, 보험, 스마트 홈, 원예 등 다양하다. 반면에 영세업자를 중심으로 하는 기존 오프라인 매장은 계속 축소되고 있다. UBS에 의하면 미국 소매 매출 분야에서 전자상거래가 차지하는 비중이 작년 15%에서 올해 25%로 증가함에 따라 약 10만 개 매장이 문을 닫을 것으로 예상된다.

아마존 이펙트에 대항하라

코로나로 인해 혜택을 본 기업은 아마존만이 아니다. 같은 전자상거래 분야의 쇼피파이도 코로나로 인해 급성장을 거듭하고 있다. 아마존과 쇼피파이는 전자상거래를 배경으로 성장했지만 비즈니스 모델은 완전히 다르다. 캐나다 수도 오타와에서 시작한 쇼피파이는 전자상거래를 바탕으로 매우 간단하고 쉽게 접근할 수 있는 서비스를 제공한다. 2019년 100만 개 점포를 달성했으며, 코로나의 여파에도 폭발적인 성장세가 계속되고 있다. 미국 전자상거래 시장에서 아마존 다음으로 2위를 차지하면서 이베이, 월마트보다 높은 점유율을 보이고 있다.

우리 시대의 경제에 꼭 규모가 큰 메가 기업이 필요한 것은 아니다. 그보다 더 절실하게 필요한 것은 우리 주변에서 쉽게 볼 수 있는 수많은 작은 소상공인 기업들이다. 쇼피파이를 이용하면 내 브랜드만의 스토리를 이야기할 수 있다. 이것이 쇼피파이가 아마존과 다른 점이다. 중간 유통업체를 통하지 않고 고객과 직접적인 관계를 형성하고 유지할 수 있다. 전자상거래를 진행할 만한 충분한 규모와 예산을 갖추지 못한 중소형 업체가 주된 고객이지만 펩시(Pepsi), 유니레버(Unilever) 같은 대기업 브랜드들도 쇼피파이를 통해 매장을 개설해 고객과 직접적인 관계를 구축하고 있다.

아마존 같은 온라인 판매의 증가로 기존 소매업이 자리를 뺏기고 있다. 하지만 쇼피파이의 경우는 사정이 다르다. 능력만 있으면 규모에 관계 없이 누구나 사업을 시작할 수 있고, 대형 전자상거래 플랫폼과 공존할 수 있다. 특히 Z세대 같은 젊은 세대가 강하게 호응하고 있다. 이들은 자신이 공감하는 상품 및 서비스의 창출과 지역 활성화에 관심이 높다. 따라서 이들 젊은 세대를 대상으로 한 개성이 넘치는 소규모 소매업자들은 성장할 가능성이 높다. 쇼피파이에는 아마존에는 없는 매력이 있다. 젊은층은 대기업의 메가 브랜드에 의존하는 방식에서 벗어나 자신만의 독특한 기업가 정신을 발휘하는 소규모 업체에 열광한다. 이러한 기업가 정신, 그리고 대중문화에 기반을 둔 비즈니스 활성화의 중심에 쇼피파이가 있다. 이들은 디지털 기술을 활용

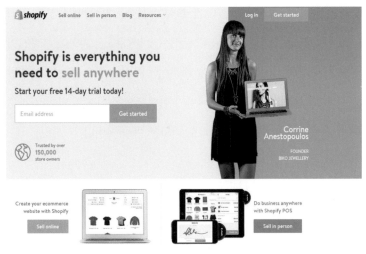

··· 쇼피파이의 전자상거래 지원 툴을 활용한 D2C 비즈니스가 늘어나고 있다.
출처 : https://www.bloggersideas.com

해 새로운 시장을 만들고 있다.

쇼피파이, '당신'의 온라인 스토어를 만들어드립니다

쇼피파이는 아마존이라는 전자상거래 업계의 거물을 따라잡을 수 있는 유일한 회사로 손꼽힌다. 아마존은 개별 브랜드에 친절한 회사가 아니다. 이러한 틈새를 쇼피파이가 파고 든 것이다. 쇼피파이에서는 무명 브랜드도 주목받을 수 있으며, 모든 브랜드에 똑같은 기회가 주어진다. 개인이 쇼피파이에 물건을 올리면 경쟁자의 상품은 보이지 않는다. 쇼피파이는 각 판매자의 브랜딩을 최적화하는 것에 집중한다. 아마존이 성장할수록 각 판매자 브랜드가 함께 성장할 것이라고 기대하기는 어렵지만 쇼피파이는 그 반대다. 쇼피파이는 자신의 상품을 판매하는 전자상거래 플랫폼이 아니다. 세계 최초의 소매업 운영 체제다. 만약 더 많은 판매자가 아마존의 손아귀를 벗어나 쇼피파이로 향한다면 향후 아마존과도 겨뤄볼 만할 것이다.

	아마존(Amazon)	쇼피파이(Shopify)
특징	온라인 마켓 플레이스(Online market place). 다른 판매자와 함께 물건을 팔게 해주는 시장을 제공. 중앙 집권화 판매 방식.	개별화된 전자상거래 지원 플랫폼. 나만의 온라인 스토어를 만들 수 있는 툴 제공. 분산된 수많은 판매자를 지원해 물건을 많이 팔도록 해주는 모델.
장점	-안정된 트래픽이 있어서 브랜드 노출 용이 -재고 관리, 패킹, 배송 등 다양한 서비스 제공	-온라인 스토어를 쉽게 만들고 운영할 수 있는 다양한 툴 제공 -브랜드 아이덴티티 유지 가능(브랜딩 가능)
단점	-플랫폼 내 수많은 경쟁자 존재 -브랜딩의 한계 -모든 판매에 대한 수수료(15~40%) 부과 -설계옵션이 없고 스토어 페이지 제어 불가	-서비스 내용에 따라 월 이용비 증가 -마케팅 활동은 브랜드 스스로 책임
매출 추이	38% 증가 574억 달러 (2019년 7~9월) 791억 달러 (2020년 7~9월)	96% 증가 3억 9000만 달러 (2019년 7~9월) 7억 6700만 달러(2020년 7~9월)
시가총액 (2020년 11월)	1조 5300억 달러	1144억 달러
미국 전자상거래 시장 점유율 (2019년)	1위 37%	2위 5.9%

···아마존과 쇼피파이의 특징 및 비즈니스 비교

쇼피파이는 2004년 설립되어 아직 아마존보다는 지명도가 낮은 편이다. 그럼에도 불구하고 빠른 성장세를 보이며 전 세계 175개 국에서 100만여 개의 매장을 개설했다. 다언어 대응으로 시대의 변화에 빠르게 적응하고 있으며, 100개 이상의 테마를 설정해 각 브랜드가 각자의 온라인 숍을 개설할 수 있다. 즉, 쇼피파이를 이용하면 각 브랜드의 독자적인 점포를 선보일 수 있다. 전문 지식이 없어도 쉽게 온라인 점포를 열 수 있는 간편성, 다양한 확장 기능을 가지고 있어서 개인 상점뿐만 아니라 대기업 브랜드도 쇼피파이에 눈길을 돌리고 있다. 쇼피파이가 만들고자 하는 미래의 모습은 누구든 원하면 온라인에 간단하게 점포를 내서 자기만의 브랜드를 육성하는 것이다. 앞으로의 성장이 기대된다.

낫 아마존 Not Amazon, 지역 상권을 살린다

아직은 규모 면에서 비교할 수 없지만 아마존에 대항하기 위한 또 다른 움직임이 있다. 쇼피파이가 탄생한 캐나다에서 개발된 개인 소상인을 위한 전자상거래 디렉토리다. 토론토를 비롯한 대도시 주변의 4000여 개 온라인 소매업체의 목록을 만들어 고객들에게 정보를 제공한다. 아마존에 대항해서 코로나로 고통받는 지역 소규모 사업자를 돕기 위해 만들어졌다. 도메인의 이름도 'Not-Amazon.ca'이다. 아

마존의 마켓 플레이스(Market place) 비즈니스 모델을 모방해서 모든 소상인의 목록을 한곳에 모으려는 의도로 만들어졌다.

아마존 같은 거대 전자상거래 괴물이 등장하면서 많은 소비자가 자신이 아끼던 지역 가게들이 문을 닫지 않을까 걱정하고 있다. 이런 상황에서 낫 아마존(Not Amazon) 리스트에 오른 업체들은 고객의 트래픽과 매출이 증가해 즐거운 비명을 지르고 있다. 많은 사람이 소규모 영세 지역 상인을 응원하고 있다는 증거다. 소비자의 반응도 매우 긍정적이어서 도시들을 계속 추가하면서 전국적인 규모로 확대할 계획이다.

소규모 비즈니스가 도시에 활력을 불어넣어야 행복한 커뮤니티를 만들어갈 수 있다. 이들이 없으면 도시는 활기 없어진다. 현재는 캐나다를 중심으로 서비스를 제공하고 있지만, 전 세계로 비즈니스를 확장할 가능성도 있다. 이처럼 아마존의 대항마는 여기저기서 등장할 것이다. 왜냐하면 앞으로의 시장에선 개인이 주인공이 될 것이고 개개인이 모여서 아마존 같은 공룡에 도전하려는 시도가 꾸준히 계속될 것이기 때문이다. 자체 쇼핑몰을 가지고 있지 않은 쇼피파이가 아마존 대항마로 불리는 이유는 소셜 미디어가 만들어낸 개인 판매자들이 주목받는 시대이기 때문이다. 이용자의 폭도 훨씬 넓다. 아직은 기존 상품을 파는 사업자가 많지만 점포에서의 픽업이나 배달같은 서비스를 제공하는 음식점의 수요도 늘어나고 있다. 패션이나 수공예품 등 개성이 중요한 분야가 특히 성공할 가능성이 높다.

포스트 코로나 시대, D2C가 답이다

코로나 이후 쇼피파이를 이용해서 자체 사이트를 운영하는 사업자가 세계적으로 급증하고 있다. 음식점, 전통 기업, 영세 소기업 등 대상은 다양하다. 쇼피파이의 기업 이념은 '모든 사람을 이롭게 하는 거래(Make commerce better for everyone)'다. 많은 소매점, 음식점이 온라인 판매로 방향 전환을 서두르는 가운데 쇼피파이의 중요성과 존재 의미는 더욱 부각되고 있다. 자체적으로 전자상거래 사이트를 구축하는 사업자가 전 세계적으로 늘어나고 있는 추세이기 때문이다. B2B 기업처럼 직접적으로 소비자와 접촉하지 않던 기업도 D2C를 통해 소비자에 대한 직접 판매를 시도하고 있다.

크래프트 맥주를 제조하는 교토의 한 양조 회사는 지금까지 매출의 대부분이 B2B를 통한 도매 판매로 이뤄졌는데, 식당이나 카페 등 관계사들이 코로나의 여파로 연달아 도산하자 쇼피파이에 전자상거래 사이트를 개설해서 소비자에게 직접 판매하기 시작했다. 포스트 코로나 시대, 성공하기 위해서는 D2C로의 전환이 필수다. 이러한 추세는 점점 더 가속화될 것이다.

DX 2.0
Digital Transformation Marketing

5장

DX 2.0,
네트워크에
주목하라

콜라보레이션이 경쟁력이다

지리는 우리에게 이웃을 만들어주었다. 역사는 우리에게 친구를 만들어줬다.

경제는 우리에게 파트너를 만들어줬다. 그리고 필요함은 우리에게 동맹을 만들어줬다.

자연적으로 함께 뭉친 자들은 그 누구도 분열시킬 수 없다.

존 F. 케네디(John F. Kennedy), 35대 미국 대통령

일본 도쿄에서 가전 양판점과 의류점이라고 하는 전혀 다른 업종의 콜라보레이션이 세간의 주목을 받았다. 2012년 신주쿠에 있는 대형 건물을 대형 가전 양판점 빅카메라(Big Camera)가 10년 장기 임대계약하면서 빅카메라 새 매장이 문을 열었다. 바로 뒤를 이어 같은 건물에 유니클로가 입점하기로 결정되면서 두 브랜드가 공동으로 두 브랜드의 이름을 혼합한 '빅쿠로'라는 이름을 선보인 것이다. 이는 단순

··· 신주쿠의 명소 빅쿠로(Big Camera + UNIQLO).
출처 : 저자 촬영

히 두 매장이 동일 공간에 입점하는 차원을 넘어선 사건이다. 두 개의 대형 브랜드가 가지고 있는 시너지 효과는 엄청나다. 유니클로의 의류 제품 옆에 빅카메라의 가전제품을 배치하거나 유니클로 제품을 입은 마네킹에 헤드폰 등 가전제품을 같이 디스플레이한다. 글로벌 플래그십 매장이라는 독자적인 포지셔닝으로 세계적인 주목을 받으면서 도쿄의 신명소로 떠올랐다. 가전과 의류에서 일본을 대표하는 브랜드가 한자리에 모인 사실 자체만으로도 소비자들의 시선이 집중되고 있다. 신주쿠의 최고 번화가에 위치했다는 점까지 더해지면서 빅쿠로는 지금까지 일본에서 뜨겁게 주목받고 있다.

상식을 넘어선 새로운 도전, 벽을 부숴라

일본 세븐일레븐에서는 의류를 판매한다. 다카라지마[宝島社] 출판사의 상품 중 하나인 '모스'와의 콜라보레이션이다. 다카라지마는 출판사이면서도 발행하는 잡지 부록으로 더 유명해진 회사다. 부록이 인기를 끌면서 이것이 하나의 주요 사업이 되었다. 출판을 넘어서 가방이나 잡화 등을 개발해 주로 편의점에서 판매하고 있다. 이번에는 의류 분야에도 진출했다. 편의점에는 피팅 룸이 없어서 옷을 입어볼 수 없다는 한계가 있는데, 착용감이나 기능을 알기 쉽게 설명하는 5분 정도의 영상물을 제작해서 유튜브에 업로드하는 것으로 이 같은 한계를 극복했다. 완벽한 해결책을 아니지만 소비자들의 반응은 나쁘지 않다.

이처럼 새로운 제품을 새로운 판매 루트와 콜라보레이션해 선보이는 것은 아직 시작에 불과하고 실험적인 측면이 강하지만 상식의 벽을 넘어선 새로운 아이디어로 주목받고 있다. 코로나의 영향으로 외출을 자제하는 소비자를 겨냥해 손쉽게 의류를 구입할 수 있는 방법을 제시한 것이다.

젊은층 사이에서 인기 있는 동영상 공유 사이트인 틱톡(Tik Tok)

은 월마트와 협업해 라이브 커머스 이벤트를 실시한다. 틱톡의 라이브 스트림 플랫폼을 활용해 한시적으로 월마트의 패션 제품을 판매할 예정이다. 두 업체 모두 소비자와 관계를 형성할 수 있는 새로운 계기가 될 것으로 보인다. 틱톡을 시청하다가 마음에 드는 옷을 보면 바로 그 자리에서 상품을 구입할 수 있다. 패션 감각이 뛰어난 틱톡 크리에이터의 도움을 받아 월마트 브랜드에 재미 요소를 추가해 그 성과가 뛰어날 것으로 기대된다. 소셜 커머스에 대한 관심과 투자가 집중되는 가운데 소셜미디어 플랫폼 틱톡이 대형 소매업인 월마트와 협업하는 것이다. 월마트, 틱톡 모두 한 단계 발전할 수 있는 기회다. 특히 월마트의 경우, 틱톡의 젊은 유저들에게 한 발 다가서며 브랜드에 참신성을 불어넣을 것으로 보인다.

이종 업종간에 협업을 통해 시너지를 창출하는 상황이 세계 곳곳에서 나타나고 있다. 코로나 환자가 급증하자 미국 GM은 간단히 운반할 수 있는 호흡기를 개발하는 스타트업 벤처 기술과 GM의 대량 생산 기술을 조합해서 3만 대 이상의 호흡기를 짧은 시간에 공급했다. 발트 3국의 에스토니아는 기업들끼리 종업원을 빌려주는 노동 셰어링 서비스를 시작했다. 코로나로 인해 일이 줄어든 기업과 사람이 부족한 기업을 연결해주는 서비스다. 정부까지 나서서 적극 지원하고 있으며, 무료로 이용 가능하다.

일본 코카콜라는 2019년 가을 '레몬도(檸檬堂, Lemondo)'라고 하는

'레몬사와'를 출시했다. 코카콜라가 출시한 최초의 주류 제품이다. 지금까지 경쟁사가 신제품을 출시하면서 이 분야의 시장을 확대하려는 시도를 여러 번 했으나 성공하지 못했다. 레몬도는 많은 브랜드가 난립한 레몬사와 시장에서 훌륭하게 차별화에 성공했다. 고가 정책을 사용했는데 시장에 먹혀들었다. 기호에 맞으면 소비자는 선택하는 것을 주저하지 않는다는 것을 증명하면서 시장에 깊은 인상을 남겼다. 마케팅, 맛, 가격 3박자가 잘 조화되면서 성공한 제품으로, 음료업계에 큰 충격을 주었다. 조금 고급스러운 레몬사와 RTD(Ready To Drink) 시장은 앞으로도 성장할 가능성이 커 많은 기업이 눈독을 들이고 있다.

이렇게 독특한 상품을 개발해서 히트 상품을 만들어낸 일본 코카콜라가 또 다른 신제품을 개발해 소비자의 주목을 받고 있다. 이번에는 독자 개발이 아니고 간장으로 유명한 식품 회사인 '기코만(Kikkoman)'과의 콜라보레이션이다. 다시(맛 국물)를 만들어서 거리의 자동판매기에서 판매한다. RTD 시장으로 기코만을 끌어들인 것이다. 기코만이 레시피를 개발하고 코카콜라는 'GO: GOOD'이라고 하는 브랜드를 개발해 슈퍼마켓뿐만 아니라 자동판매기에서도 판매한다. 국제적 기업인 코카콜라는 현지 상황에 맞게 로컬 회사와의 콜라보레이션으로 독자적인 상품을 출시해서 시장에서 좋은 반응을 얻고 있다.

성공은 혼자하는 곳에선 생기지 않는다

의료계와 과학계 리더들은 코로나를 종식시키기 위해 백신을 개발하는 과정에서 라이벌 정신은 잠시 뒤에 놓고 협업하고 있다. 경쟁사들의 살벌한 경쟁보다는 협업 체제가 강조되는 시대다. 무슨 방법을 써서라도 경쟁사를 이겨야 한다는 정신보다는 경쟁사 혹은 이종 업종간의 좀 더 강한 협업이 점점 더 요구되고 있다. 협업하면 좀 더 빨리 성과를 얻을 수 있다는 장점이 있다. 소위 '협력하는 경쟁(Cooperative Competition)'이다. 협업을 통해 공유하고 이노베이션한다.

경쟁사, 이종 업종과의 콜라보레이션에 성공하기 위해서는 업계와 시장의 벽, 그리고 소비자의 선입견을 넘어서는 것이 매우 중요하다. 과거 맥도날드는 '밥버거'를 출시함으로써 소비자의 선입견을 넘어섰다. 밥을 좋아하는 사람은 버거를 안 먹고 버거를 좋아하는 사람은 밥을 안 먹을 것이라는 선입견을 깨고 성공한 것이다. 맥도날드는 특히 이종 업종간의 콜라보레이션으로 새로운 메뉴를 개발하는 데 적극적인 모습을 보이고 있다. 고급 초콜릿 브랜드인 '고디바(Godiva)'와 콜라보레이션해서 고디바 초콜릿 에스프레소 프라페 & 마카롱(GODIVA Chocolate Espresso Frappe & Macaron)을 선보이기도 했다.

코로나가 사람들의 지역간 이동을 제한하는 것은 사실이지만 사람들의 마음을 열어 같이 일할 수 있는 환경을 만드는 데도 일조했다. 일하는 장소와 일하는 방법이 이전과 달라지면서 남들과 어떻게 같이 일할 수 있는가에 대해서도 새로운 시사점을 제시했다. 혼자 하는 것은 불안하다. 그래서 이미 알려져 있는 브랜드와 함께한다. 또는 자신에게는 없는 자산을 가지고 있는 브랜드와 콜라보레이션해서 새로움과 안정감을 동시에 추구하며 불안감을 해소한다. 위기의 시기에는 독특하고 다양한 관점을 한데 모으는 지혜가 필요하다. 다양한 경험이 위기와 기회를 다른 각도에서 볼 수 있게 해주고, 새로운 솔루션을 제공하고, 변화하는 상황에 신속하게 적응할 수 있게 해준다.

공유를 통한 콜라보레이션이 활성화되는 것도 코로나로 인해 나타난 새로운 현상이다. 업계간 경계가 허물어지는 보완 경제가 활성화되고 있다. 공장을 공유하는 것이 하나의 예다. 코로나를 계기로 자동차 생산이 급감하고 있다. 이에 가동하지 않는 공장에서 생겨난 여력을 새로운 목적으로 활용하는 공장 공유가 진행되고 있다. 이를 중개해주는 서비스가 등장해서 자동차 부품 하청업체에서 의료기기나 운반설비 부품 등을 생산하도록 조율해준다. 코로나 역풍을 맞은 지역 공장은 이로써 새로운 전기를 맞고 있다. 일본 나고야시에 있는 '셰어링 팩토리'의 이야기다. 코로나가 유행하기 2년 전부터 공장 설비 매각이나 임대 등의 사업을 시작한 셰어링 팩토리는 최근 비어 있는 공장의 임대를 알선해주는 사업을 시작했다. 이에 비어 있는 공장이나 설비를 가동하고 싶다는 부품 회사나 제조를 위탁하는 회사의 주문이 쇄도하고 있다. 하청 공장 등은 공장 공유라는 새로운 해결책을 통해 활로를 찾고 있다.

인류 앞에 밀어닥친 코로나라는 거대한 재앙 앞에서 많은 기업이 움츠러들지 않고 상호보완적 경제(the Economics of Mutuality) 생태계를 만들어야 한다는 데 뜻을 모으고 있다. 현대자동차는 코로나로 가동이 중단된 인도 첸나이 공장에서 산소호흡기를 생산하는데 나섰고, 수영용품 전문업체인 스피도(Speedo)는 미국 병원에 2만 개의 눈 보호장치를 기증하는 한편 안면 보호기를 생산하기 위해 기존 제조 시설을 개조했다. 이렇듯 기업이 사회적 책임과 노력을 강화하다 보면 이미지가 개선되고 사회적 영향력이 커지는 부수적 효과가 수반되기도 한다.

공유하고 콜라보레이션하라. 앞으로 마케팅 성공의 관건은 많은 파트너를 확보해서 리소스를 공유하고 서로 협업하는 구조를 만드는 데 달려 있다. 여기에서 새로운 가치가 탄생하고 기업과 브랜드의 가치도 높아진다. 성공은 혼자 하는 곳에선 생기지 않는다. 마케팅도 마찬가지다. 브랜드간 콜라보레이션을 통해 인간 생활에 긍정적인 영향을 미치고 소비자에게 신뢰받는 브랜드를 구축할 수 있다. 마음이 맞고 지향하는 목표가 같은 회사를 찾았으면 적극적으로 콜라보레이션을 시도하라. 그 과정에서 기존에 없었던 새로운 것을 만들 수 있고 많은 혜택을 누릴 수 있을 것이다.

또한 리소스를 공유함으로써 경비를 줄일 수 있다. 따로 움직이면 불가능한 것도 같이 움직이면 가능해진다. 파트너와 리소스를 공유하는 것을 두려워하지 마라. 서로 보완할 수 있는 전문 분야를 연결해서 이를 바탕으로 새로운 것을 발견해 나가라. 위기일수록 힘을 합치면 비즈니스의 힘이 커지고 더 많은 기회를 잡을 수 있다. 위기 상황이기 때문에 새로운 파트너를 만들기도 쉽다. 아무런 어려움이 없는 평화로운 시기라면 오랜 시간을 걸쳐 성공 사례를 만들고 나서야 파트너와의 신뢰가 형성된다. 하지만 지금 같은 위기 상황에서는 우선 신뢰가 형성됐다고 가정하고 일을 시작한다. 그 결과, 데이터와 리소스를 더 빨리 자유롭게 공유하는 환경이 조성된다.

세계는 디지털로 연결되어 있다

세계화는 우리를 나라들 사이에서,

그리고 기술 분야에서 멈출 수 없을 정도로 점점 더 가까워지게 할 것이다.

존 포터(John P. Kotter), 미국 작가

　필요한 기기와 충분한 시간, 공간이 주어지면 어디서든지 일할 수 있는 사람을 '디지털 노마드(Digital Nomad)'라고 부른다. 에스토니아는 '세계 최대의 인터넷 전화' 스카이프(Skype)가 만들어진 국가로 잘 알려져 있다. 이외에도 2002년 도입한 전자 신분증과 2007년 세계 최초로 시행한 전자투표까지 말 그대로 IT 강국의 면모를 보여주고 있다. 최근 에스토니아가 선보인 새로운 제도가 있다. 바로 '디지털 노마드 비자'다. 온라인 시스템을 활용해 업무를 처리하는 외국인이 에

스토니아에 와서 1년간 합법적으로 일할 수 있도록 허용해주는 비자다. 디지털 노마드 비자를 획득한 사람은 셍겐 조약(유럽의 국가간 국경 개방 약속)에 가입한 26개 국을 90일 한도로 제한 없이 드나들 수 있고, 최대 1년간 체류할 수 있다. 디지털 노마드 비자를 취득하면 한국 회사에 소속되어 있는 직원이 온라인으로 일하면서 에스토니아에서 머물 수 있는 것이다. 경제 위기를 타파하기 위해 세계적 관점에서 전환이 이뤄지는 과정에서 시작됐는데, 다양한 국적과 배경의 인재들이 몰려들면서 활력이 배가되고 있다.

디지털 노마드, 일하면서 여행한다

디지털 노마드는 태블릿, 스마트폰 등 디지털 기기를 활용해 한 장소에 정착하지 않고 세계 곳곳을 옮겨 다니면서 창조적인 가치를 만들어낸다. 포스트 코로나 시대에도 디지털 노마드가 폭증할 것으로 예상된다. 왜냐하면 코로나 팬데믹으로 이동이 제한되면서 많은 사람이 원격 근무가 가능하다는 것을 경험하고 실감했기 때문이다. 노동자만이 아니다. 고용주도 원격 근무의 효율성을 인정하게 되었다. 디지털 노마드의 등장으로 여행과 일을 동시에 할 수 있는 시대가 도래했다.

특히 주목할 점은 디지털 노마드 시대는 밀레니얼 세대가 주도한다는 것이다. 신세대, 즉 밀레니얼 세대는 2025년 글로벌 인력의 75%를 차지할 것이다. 개인적인 성향이 강한 이들은 독립적인 환경에서 일하기를 원한다. 이와 관련, 많은 사람이 단기 및 계약 고용에 거부감을 갖지 않고 오히려 선호하는 것으로 조사됐다. 이들은 일상생활에서 소셜 미디어를 능숙하게 사용한다. 글로벌 연결을 통해 혜택을 보고 이익을 발생시키는 첫 번째 세대라고 할 수 있다. 이들은 무엇인가를 원한다면 세계 어디에서든 이룰 수 있다는 자신감을 가지고 있는 세대다.

이처럼 디지털 노마드 시대가 도래하고 있다. 코로나로 인해서 일시적으로 국경이 폐쇄되고 사람 사이의 교류가 방해받고 있지만 생각과 정보의 교류는 막을 수 없다. 도널드 트럼프(Donald Trump) 전 미국 대통령이 멕시코와의 국경에 콘크리트 장벽을 만들자고 주장했지만, 대세는 장벽을 허무는 방향으로 기울어질 것이다. 설령 장벽이 남아 있더라도 인적·물적 유입과 교류에 대한 욕구는 점점 더 커질 것이다. 정보의 흐름은 그 누구도 막을 수 없다. 사람 사이의 교류는 쉽지 않은 상황이더라도 물류에 의한 국가 사이의 교류까지 중단되는 것은 아니다. 반대로 더욱 활성화되고 있다. 국경의 의미가 무색할 정도로 글로벌화는 빠른 속도로 진화하고 있다. 마케팅 차원에서도 더 세계로 눈을 돌려야 한다.

세계는 디지털로 연결되어 있다. 어디에 있느냐가 중요한 것이 아니라 어떻게 연결되어 있느냐가 중요하다. 물리적으로 해외에 갈 수 없는 상황이지만 사람의 연결과 정보의 흐름에서는 국경이 무너진 지 이미 오래다. 새롭게 제기되는 문제를 해결하고 서비스를 개발하기 위해서는 더욱 공유하고 연결해야 한다. 국경을 초월한 이동이 자유롭게 진행되면서 인재의 이동도 글로벌화되고 있다. 기술과 전문성을 필요로 하는 나라나 기업이 있으면 어디서든지 실력을 발휘할 수 있는 세계가 되었다. 거주지에 구애되지 않는 인력 조달이 가능하게 되었다. 다양성이 풍부한 팀 빌딩, 전문성을 갖춘 콜라보레이션이 가능하다. 외국에서 일하는 것이 아마존에서 책을 구입하는 것 정도로 간단하게 부담 없이 할 수 있는 시대가 된 것이다.

세계의 연결이 더욱 가속화된다

코로나로 인해 전 세계 여기저기서 부정적인 현상이 나타나고 있다. 여러 나라가 국경 폐쇄 등 고립 정책을 펼치고 있다. 이른바 '국가 고립주의(Nationalist isolation)'가 대두하고 있다. 국가 사이의 관계가 단절될 일은 없지만 국제적인 관계보다는 지역 또는 국가의 이익이 우선시되고 있다. 지역 보호주의 역시 심각한 상황이다. 특히 서플라이 체인(supply chain)에 있어서는 해외 공조보다 지역이나 국내로의 회귀를 불러일으키고 있다. 코로나로 인해 지역주의가 점점 강화되고 있는 것이다.

코로나는 전 세계 사람들에게 엄청난 영향을 미치고 있다. 지금까지 있었던 그 어떤 사건보다 더 글로벌한 현상이다. 제2차 세계대

전도 이 정도 영향력은 미치지 못했다. 우리가 지구상에서 어떻게 서로 연결되고 의존하는지를 실감하게 해주었다. 하지만 이 모든 부정적인 영향에도 불구하고 글로벌 소비자는 계속 존재하고 앞으로 더욱 늘어날 것이다. 이러한 현상을 활용할 수 있는 마케팅이 필요하다.

글로벌 거래, 글로벌 물류 서비스 등의 가능성을 고려할 때 글로벌 시민을 타깃으로 하는 비즈니스 가능성은 얼마든지 열려 있다. 동시에 사이버 공간을 통한 글로벌 소통의 기회 또한 무한하게 열려 있다. 게다가 국제적인 협력에 의해서만 해결할 수 있는 문제도 있다. 바이러스는 정보를 교환할 수 없지만 인간은 할 수 있다. 국제적인 협조와 신뢰의 정신이 더욱 중요해진 시기다. 글로벌 시민들은 글로벌 분열로 인한 위험을 알고 있다. 앞으로도 계속해서 연결되고 소통하고 협력하면서 어울려 살아야 한다. 환경오염, 평화, 글로벌 경제, 인권 문제 등 세계에 산적해 있는 문제를 같이 해결하면서 공존해 나가야 한다. 언택트 사회가 심화되어갈수록 국제적인 공조와 협력은 더욱 중요해지고 있다.

세계 각국의 정치적인 상황을 살펴보면 이러한 동향이 더욱 확실하게 드러난다. 국가보안법 시행으로 홍콩 사회에서 터져 나오고 있는 반정부 투쟁 구호가 이웃 나라인 태국, 필리핀으로 확대되었다. 홍콩 민주주의 투쟁에 자극받은 이들 국가의 청년들이 권위주의적인 정부의 억압 통치 방식에 반대하면서 전례 없는 행동에 나서고 있다. 권위주의 정부 체제하에서 침묵해온 기성세대와 달리 홍콩 사태에 영향받은 다른 아시아 국가의 청년 세대가 적극적으로 목소리를 내고 있는 것이다. 반정부 시위에 참가하는 젊은이들은 애니메이션 주제가 등을 활용해 평화적이고 창조적인 방식으로 시위를 진행하고 동참한다. 또 한 가지 특이한 점은 각 나라들의 시위하는 방식이 매우 유사하다는 점이다. 태국과 필리핀에서 이뤄지는 반정부 시위는 1년 전에 발생한 홍콩의 반정부 시위와 매우 유사한 방식으로 진행되고 있다. 코로나로 인해 사람의 이동이 통제되고 있지만 소셜 미디어를 통한 정보의 통제는 막을 수 없다는 증거다.

세계의 젊은이들은 서로 연결되어 있다. 홍콩의 모델이 태국, 필리핀의 모델로 사용되고 있다. 민주화에 대한 열망의 감염력은 코로나 이상으로 빠르게 퍼지고 있다. 코로나조차도 막을 수 없다. 이럴 때일수록 글로벌 연계와 협력이 더욱 필요하다. 이 같은 움직임은 한 발 더 나아가 벨라루스의 민스크, 미국의 미네아폴리스, 레바논의 베이루트에서 벌어지고 있는 항의 데모와도 연결된다. 각지의 항의 활동을 보면 홍콩의 반정부 시위와 일맥상통하는 면이 있다. 리더를 내세우지 않는 점, 소셜 미디어를 활용한 전략적 행동에 관한 정보 공유 등이 그 예다. 민스크에서 대통령의 부정에 항의하는 데모대는 치안 부대와 대치하게 되면 발 빠르게 다른 장소로 이동해 항의 데모를 계속했다. 홍콩 반정부 시위대의 '물처럼 되어라'라는 전술과 같다. '물처럼 되어라'는 이소룡의 어록에 나오는 말로, 액체처럼 발 빠르고 기민하게 움직이는 것을 뜻한다.

세계는 건강과 경제 문제에 있어서도 공통의 문제에 봉착하고 있다. 정부, 기업, 학계 등 모든 분야에서 혁신을 이루고 리스크를 최소화해 글로벌 위기의 충격을 최소화하기 위해서는 국가간의 협력이 긴요하다. 감염의 재확산을 막고 백신의 효율적인 배포를 위해서는 각국의 결속이 중요하다. 코로나로 인해 재원이 부족한 개발도상국 경제는 낭떠러지로 떨어지기 직전이다. 각국이 협력해 환경 문제 등에 투자하면 귀중한 자원의 유용한 활용과 장기적인 문제 해결을 동시에 이뤄내는 방법을 찾을 수 있다. 민주주의의 번영과 안정의 기초가 되어온 국제 협력의 이념과 체제 확립이 시급하다.

세계는 생각 이상으로 긴밀하게 연결되어 있다. 글로벌화는 바로 우리 옆에 와 있다. 글로벌 존재를 비즈니스에 접목시켜 사회문제를 해결하는 원동력으로 활용하는 지혜가 필요하다. 위기를 시민 의식을 성장시키고 사회적 신뢰를 쌓을 수 있는 계기로 활용해야 한다. 비단 한 나라 안에서만 해당되는 이야기가 아니다. 글로벌 사회에서도 통하는 이야기다.

일례로, 코로나 이후 일본과 인도의 IT 공조가 가속화되고 있다. 5G, 광해저 케이블 같은 일본 기업의 기술을 도입하려는 인도 측의 니즈와 디지털 인재 육성과 디지털 정부를 만들기 위해 인도 측의 협력이 필요한 일본의 니즈가 합치한 결과다. 일본은 사이버 공격 대책, 디지털 정부 추진을 위한 인재가 턱없이 부족한 실정이다. 교류를 통해 IT 분야에 뛰어난 인재가 많은 인도와 인재 육성 노하우를 공유하면 문제를 쉽게 해결할 수 있을 것이다.

한편 중국은 라이브 커머스 도입과 활용에 매우 적극적이다. 라이브커머스는 중국에서 몇 년 전부터 유행하기 시작했는데, 코로나로 인해 1인 가구를 대상으로 한 소비 스타일로 정착했다. 일본에서도 국내 소매업의 판매 방법으로 라이브 커머스가 확장될 가능성이 높다. 중국에서 시작해 인기를 얻은 QR 코드 결제나 한국에서 크게 발달한 배달 앱 역시 일본으로 유입되어 새로운 소비 스타일로 정착하고 있다. 이처럼 일본은 코로나 문제를 타개하고 사회적인 문제를 해결하기 위해 각국의 운영 노하우를 적극적으로 도입하고 있다.

전 세계가 아프리카에 주목한다

2050년에는 전 세계 인구의 4분의 1이 아프리카 대륙에서 살 것으로 예측된다. 2000~2015년 아프리카 대륙의 연평균 경제성장률은 아시아 대륙보다 앞섰다. 세계에서 가장 높은 경제성장률을 기록한 10개 국가 중 아프리카 국가가 7개나 포함돼 있다. 아프리카는 막강한 잠재력을 가지고 있는 지역이다. 2022년까지 사하라 사막 이남 아프리카는 인구 12억 명, 스마트폰 보유 수 10억 대를 넘을 것으로 예상된다. 전신주나 전화선은 필요하지 않다. 바로 모바일로 건너뛰면서 일반 전화선 인프라를 구축하기 위한 시설 투자 과정을 생략한 기술의 립프로그(Leapfrog technology, 개구리 점프)가 발생할 것이다. 아직까지 사회적 인프라가 비교적 덜 갖추어져 있는 아프리카의 경우, 기술의 활용으로 선진국과 비교했을 때 짧은 시간에 비약적인 발전이 이뤄질 것으로 기대된다. 이를 비즈니스로 연결시켜야 한다. 휴대폰의 급속한 보급에 착안한 모바일 결제의 도입이 대표적인 예다. 코로나 위기로 강요된 생활과 행동의 변화는 기업가에게 새로운 기술을 활용한 비즈니스 아이디어를 실현할 수 있는 절호의 기회를 제공한다. 실제로 모바일 머니, SNS를 사용한 모바일 구매 서비스 등 다양한 분야에서 기술의 립프로그가 일어나고 있다.

이 같은 움직임은 이미 10~15년 전 시작되었다. 정보통신기술(ICT) 입국을 지향하는 르완다의 경우, 병원이나 공항에서 로봇에 의한 비접촉 체온 검사, 드론을 사용한 예방대책 안내 방송, 자동응답 시스템을 활용한 코로나 관련 정보 제공 등을 도입하고 있다. 의료계 스타트업들은 원격진료 네트워크를 앞다퉈 도입하고 있다.

아프리카 같은 신흥시장의 가능성에 주목하고 기업가적 아이디어를 실현시키는 장을 개척할 필요가 있다. 이 같은 가능성은 보건, 교육, 금융, 물류 등 다양한 분야에 걸쳐 있다. 아프리카가 직면한 사회 문제를 해결하는 데 비즈니스적 시각으로 접근해야 한다. 아프리카는 모바일 기술이 가장 빠르게 성장하는 지역이 될 것이다. 아프리카는 소셜, 그리고 커머셜 이노베이션이 부상하는 플랫폼이 될 것이다. 아프리카 지역은 새로운 기술을 받아들이기 위해 버려야 할 것이 적기 때문에 안정적인 선진국 경제권과 비교하면 새로운 기술을 수용하는 속도가 빠를 수밖에 없다. 예를 들면, 66%의 사하라 이남 아프리카 사람들은 은행 서비스를 제공받지 못하고 있다. 이러한 환경에선 사람들이 전통적인 방식을 고집할 이유가 없다. P2P 금융 서비스가 다른 서구 국가에 비해 앞서 있는 이유가 바로 여기에 있다.

이러한 변화를 한 발 앞서 포착해야 인구 12억 명에 이르는 아프리카 시장을 잡을 수 있다. 앞으로 10년간 아프리카에서 나타날 변화는 지난 10년의 변화보다 매우 가파르게 이뤄질 것이다. 현재를 뛰어넘어 바로 미래로 가는 길이 아프리카에 열려 있다. 인구를 자원으로 삼아 지속가능한 발전을 하기 위해서는 환경 기술 등 선진국의 최첨단 노하우 도입이 시급한 실정이다. 아프리카는 인구 구성에 있어서 큰 비중을 차지하는 젊은층의 디지털 기술 활용이 부족하고 사회적인 인프라가 아직 정비되어 있지 않다. 하지만 사회문제를 해결하는 데 관과 민 모두 적극적인 태도를 보이고 있다. 아프리카는 50개 이상의 나라에서 이주한 사람들로 구성된 다양성이 풍부한 시장이다. 아프리카는 이미 전 세계 기업의 주목을 받고 있다. 특히 미국 벤처기업 등의 투자가 활발하다. 기회와 가능성이 풍부한 아프리카 시장에 대한 관심과 적극적인 진출이 필요하다.

국내 기업들 역시 아프리카 시장에 주목하고 있다. 클라우드 기반 호텔 솔루션 분야의 글로벌 1위 기업에 등극한 야놀자는 현재 전 세계 160여 개 국에 퍼져 있는 2만 2000여 개 고객사에 야놀자의 솔루션을 제공하고 있다. 야놀자는 몇 년 전부터 아프리카 시장에 관심을 가지고 투자하기 시작했다. 최근 그 성과가 점점 드러나고 있다. 아프리카 5000개 호텔과 계약했고 한 달에 400건 이상의 관리 시스템을 구축하는 등 최근 그 성과가 가시화되고 있다. 야놀자는 여기에 멈추지 않고 더 나아가 아프리카 1위 호텔 디지털 마케팅 기업 '호텔온라인(HotelOnline)'과 전략적 파트너십을 체결하는 등 적극적인 행보를 보이고 있다. 야놀자는 이를 통해 현지 호텔 솔루션 시장에 아프리카 지역별로 최적화된 운영 관리 시스템을 적용해 아프리카 관광 시장의 전환을 주도할 계획이다.

아프리카 시장은 아직 미개척 영역이다. 야놀자의 아프리카 진출은 향후 발전 가능성이 높은 시장에서 새로운 소비자 니즈를 창출하고, 이를 선점할 수 있는 절호의 기회가 될 것이다. 빠르게 발전하는 아프리카의 호스피탈리티(hospitality) 시장을 디지털 기반으로 완전히 변화시키려는 비전을 가지고 적극적으로 대응하고 있는 야놀자의 미래가 기대된다.

연결의 미학, 에코 시스템

가장 큰 기회의 원천은 협력과 파트너십이다.

현재 같은 디지털 커뮤니케이션 시대에는 이런 기회가 널려 있다.

비즈니스를 하려면 이런 기회에 노출돼야 한다.

마크 파커(Mark Parker), 나이키 CEO

최근 유행어가 된 '비즈니스 에코 시스템'이라는 용어가 있다. 에코 시스템은 원래 생물학 용어로, 자연 환경과 생물이 서로 영향을 주고받으면서 함께 생존해 나가는 자연계의 질서를 말한다. 비즈니스에 있어서도 자연 속의 생태계처럼 관련 기업이 협력해 공생하는 시스템이 구축되고 있다. 1993년 제임스 무어(James Moore) 미국 하버드대 교수가 〈하버드 비즈니스 리뷰〉에서 처음 사용한 용어다. 도요타자동차는 50년 이상 부품업체와 유통업체의 에코 시스템을 구축해왔다. 에코 시스템의 성패는 팀워크를 만들어내는 '연결'의 끈끈함에 달려 있다. 애플의 비즈니스 모델이 꽃피울 수 있었던 것은 애플이 모든 것을 독식하는 것이 아니라 협력 업체들과 수익을 나눠 가지며 상생하는 환경을 만들었기 때문이다. 그런 모습이 자연계의 공생 모델과 닮았다는 의미에서 에코 시스템이라는 말을 쓰는 것이다.

아마존, 구글(Google), 텐센트(Tencent), 우버(Uber), 위워크(WeWork) 등은 자신들이 에코 시스템의 리더라고 주장한다. 사실 이들은 모두 소비자, 조달업자, 보완 서비스 생산자를 망라하는 에코 시스템 네트워크의 중심에 위치해 있다. 이들은 네트워크 안에 포함되어 있는 회사가 새로운 경쟁 요소를 발견해 기존 비즈니스에서 새로운 가치를 창조하는 과정을 유심히 지켜보면서 모든 것을 파악하고 컨트롤한다.

에코 시스템, 공존하고 상생한다

비즈니스에는 2가지 전략이 있다. 첫째, 연못을 파서 경쟁자로부터 자신의 비즈니스를 보호하는 전략이다. 이를 위해 벽을 높이 쌓아서 자신의 브랜드를 경쟁사와 차별화시키기도 한다. 둘째, 기본이 되는 자산과 역량에 중점을 두되 이를 활용해서 새롭게 부상하는 중요한 분야에 투자하면서 영역을 넓혀가는 전략이다. 다시 말해, 자기만의 에코 시스템을 만들어가는 전략이다. 이러한 기업들은 큰 못을 파서 외부와 차단시키는 것이 아니라 회전문을 만들어서 더 많은 플레이어가 회전문 안을 들락거리게 한다. 자신의 에코 시스템에 가능한 한 많은 플레이어가 모여서 자신들이 만들어둔 규칙에 따라 활발하게 움직이도록 방석을 깔아놓는 것이다. 에코 시스템이 크면 클수록 비즈니스 규모도 커진다. 담장을 높이거나 연못을 더 깊이 파서 사람이 들어오는 것을 차단하는 것이 아니라 더 많은 플레이어가 회전문 안으로 들어오게 하는 것이 중요하다.

에코 시스템은 네트워크 효과를 유발한다. 네트워크 효과란 어떤 상품의 수요가 형성되면 이것이 다른 사람들의 수요에 영향을 끼치는 것을 말한다. 즉, 사용자들이 몰리면 몰릴수록 사용자가 계속 늘어나는 것으로, 이런 상황에서는 제품이나 서비스 자체 품질도 중요하지만 얼마나 많은 사람이 사용하냐가 더욱 중요하다. 특정 상품에 대한 수요가 주위 사람들에게 영향을 끼치고, 이로 인해 그 상품을 선택하는 사람들이 증가하는 효과가 나타나기 때문이다.

나만의 에코 시스템을 구축하라

디즈니(Disney)는 자신만의 에코 시스템을 구축하면서 성장해온 대표적인 사례다. 튼튼한 기반을 가지고 있는 중앙집권화된 에코 시스템이라고 할 수 있다. 디즈니는 탄탄한 에코 시스템 기반 위에서 추가적인 상품과 서비스를 개발하고 새로운 비즈니스를 창출하는 선순환 구조를 만들었다. 디즈니 월드는 미국 중산층을 대상으로 만들어졌는데, 남녀노소를 불문하고 거의 모든 소비자가 즐길 수 있을 정도로 문턱이 낮다. 소비자들은 디즈니 카툰, 호텔, 리조트, 크루즈로 구성되는 디즈니의 다양한 서비스를 에코 시스템 안에서 왔다 갔다 하면서 즐길 수 있다. 참가자는 활발한 에코 시스템 안에서 다양한 방법으로 자신만의 가치를 찾는다.

디즈니는 1971년 호텔과 리조트 사업에 진출했을 때, 엔터테인먼트 이외에 숙소, 테마가 있는 어트랙션을 같이 제공하는 것을 기본적인 전제로 출발했다. 또한 놀이공원 전체가 소비자에게 다양한 경험을 제공할 수 있도록 에코 시스템을 구축했다. 디즈니의 중점 사업 중 하나인 디즈니 리조트는 디즈니랜드, 디즈니씨 등 놀이공원(Amusement Park)을 가지고 있지만 디즈니 리조트가 진정 제공하려는 것은 놀이공원이 아니고 놀이공원을 플랫폼으로 한 고객의 경험 가치다.

디즈니 리조트 방문객은 각자 독자적으로 자신만의 즐기는 방법을 찾는다. 디즈니 리조트라는 플랫폼을 이용해 고객 스스로 자신만의 경험 가치를 창출할 수 있다는 것이 디즈니 리조트가 오랜 세월 여러 사람에게 사랑받고 있는 가장 큰 이유다. 플랫폼을 활용해 자기 브랜드만의 에코 시스템을 만들어라. 고객은 이러한 플레이 그라운드를 자발적으로 방문해 가치를 느끼고 이를 퍼뜨린다.

2020년 7월, 1818년에 창업해서 202년의 역사와 전통을 자랑하는 브룩스 브러더스(Brooks Brothers)가 파산했다. 역대 미국 대통령이 애용했다는 미국을 대표하는 클래식 정장 브랜드인 브룩스 브러더스가 파산한 사건은 미국인뿐만 아니라 이 브랜드를 사랑하는 전 세계 많은 팬을 놀라게 했다. 미국에서 오더 메이드가 아닌 기성복 정장을 처음으로 판매해 크게 성공을 거둔 브룩스 브러더스는 버튼 다운 셔츠를 처음 개발해서 많은 경쟁사가 이를 모방하기도 했다. 이렇듯 빛나는 전통을 자랑하는 브랜드도 더 이상 소비자들이 가치를 느끼지 못하면 여지없이 무대에서 사라진다는 것을 보여주는 사례다.

브룩스 브러더스는 ABG(Authentic Brands Group)에 매수됐다. ABG는 뉴욕에 거점을 둔 투자펀드 회사로 산하에 의류, 라이프스타일을 중심으로 한 50여 개 브랜드를 보유하고 있다. ABG는 경영상 파산한 유명 의류 브랜드를 연달아 매수하며 급성장하고 있다. 브룩스 브러더스, 포에버 21(Forever 21), 바니스 뉴욕(Barneys New York) 등 이름만 들어도 쟁쟁한 브랜드들이 그 대상이다. ABG는 브룩스 브러더스를 매수한 후 상품 구성을 재편성해서 젊은층을 대상으로 한 캐주얼한 옷으로 재출발시키겠다고 밝혔다. 브룩스 브러더스가 되살아날지 관심이 집중된다.

통상적인 펀드 회사와 달리 ABG는 매수한 기업을 되팔아 이익을 남기는 방식을 쓰지 않는다. 대신 세계적인 명성을 가지고 있는 브랜드를 매수해서 전통적인 가치를 되살려 패션계에서 새로운 에코 시스템을 만들어가고 있다. 향후 어린이용 의류 브랜드까지 진출해서 가족 전체의 라이프 스타일을 제공하는 패션계의 디즈니랜드를 목표로 하고 있다고 밝혔다. 파산한 의류 기업을 모아놓은 백화점이 아니라 패션의 새로운 에코 시스템을 구축하려는 것이다. 성인부터 어린이까지 모든 사람이 필요로 하는 상품을 제공하는 것을 목표로 하고 있다.

이의 실현을 위해 ABG는 통합에 의한 효율적인 운영으로 다양한 시도를 하고 있다. 먼저, 매수한 브랜드를 통합하는 전자상거래 플랫폼을 구축했다. 표면적으로는 각 브랜드가 운영하는 것처럼 보이지만 백오피스를 통합함으로써 조달, 제조, 배달을 집약해서 비용 절감을 시도한 것이다. 서플라이 체인, 결제 방법 등을 통합하면서 데이터를 바탕으로 상품 구성이나 마케팅 전략을 새롭게 정립했다. 또한 매수한 의류 브랜드는 오랫동안 고객을 관리해왔기에 방대한 고객 데이터를 보유하고 있는데, 이를 집약함으로써 핀포인트로 판촉 이벤트 등을 실시할 수 있다. 온라인으로의 전환이 가속화되면 점포는 쇼룸으로 활용되어 상품을 전시하고 제품을 경험하는 장을 제공하는 것을 목적으로 하게 될 것이다. 이밖에도 전통적인 의류 브랜드 비즈니

• • • 브룩스 브러더스는 ABG에 매각된 후 재탄생하기 위해 다각도로 노력하고 있다.
출처 : 셔터스톡

스 모델을 플랫폼 비즈니스로 재구축해 통합적인 에코 시스템을 만들어 글로벌 시장을 전략적으로 공략할 계획이다. 브룩스 브러더스와 바니스 뉴욕은 매각되었지만 사라진 게 아니고 새로운 모습으로 새로운 경쟁력을 가지고 재탄생할 것이다.

M&A, 에코 시스템을 구축하는 또 다른 방법

비상시에 자립적인 방법으로 성장을 도모하는 것에는 한계가 있다. 파트너십으로 힘을 모아야 한다. 기업 규모와는 상관 없다. 다른 업종이 되었든 경쟁사가 되었든 힘을 모아서 성장해 나가는 파트너 전략이 무엇보다 중요하다. 이를 위한 유용한 방법이 M&A다. M&A 는 더 이상 후계자 문제를 처리하기 위한 해결책이 아니다. 업계의 재편이나 대기업 중심 성장 전략으로 진행되었던 M&A가 중소기업을 비롯해 소규모 비즈니스에까지 폭넓게 퍼지고 있다. M&A는 경쟁적인 에코 시스템을 탄생시킬 수 있는 효율적인 방법이다. 새로운 기회와 새로운 시장에 열린 시각으로 접근하라. 경쟁자보다 빨리 움직여야 한다. M&A가 최상의 전략이라고 단언할 수는 없다. 하지만 연못을 파거나 담장을 높여서 격리된 상황에서 단독으로 진행하는 전통적인 방법은 플랫폼을 중시하고 네트워킹 효과를 통한 비즈니스 에코 시스템이 중시되는 시대에는 더 이상 적합하지 않다.

DX 2.0

Digital Transformation Marketing

6장

로컬 시장이
떠오른다

관광 산업, 돌파구를 찾아라

탐험을 위한 진정한 여행은 새로운 땅을 찾는 것이 아니라,

새로운 시야를 찾는 것이다.

마르셀 프루스트(Marcel Proust), 프랑스 소설가

코로나가 전 세계를 감염시킨 이래 국내외를 막론하고 사람들의 이동이 눈에 띄게 줄었다. 재택근무가 늘어나면서 회사의 출장이나 여행 역시 급격히 줄어들었다. 국내 관광객이 줄었을 뿐 아니라 해외 여행객 수요는 거의 전멸하다시피 했다. 각국이 입국 제한을 실시하고 있어서 해외 여행객의 복귀는 국내 여행보다 더 오랜 시간이 걸릴 것이다. 세계관광기구(World Tourism Organization, UNWTO)에 의하면 관광 산업은 코로나로 인해 1990년 수준으로 돌아갔다고 한다. 2020년

1~10월 통계에 의하면 전 세계 관광객은 9억 명 규모로 줄어들었다. 전년 대비 72% 감소한 것이다. 2020년 전체를 보면 약 75% 감소해서 30년 전 수준으로 돌아갈 것으로 보인다. 코로나 백신이 개발되고 접종이 시작되면서 상황이 다소 호전되기 시작했지만 관광 산업이 회복되는 데는 좀 더 시간이 걸릴 것으로 예상된다. 국제항공운수협회(International Air Transport Association, IATA)에 의하면 해외여행과 밀접한 관련이 있는 항공 산업의 경우, 코로나 이전 수준으로 회복하는 시기를 단거리 노선은 2023년, 장거리 노선은 2024년으로 예상하고 있다.

코로나 시대, '해외' 대신 국내 여행

《지구를 걷는 법(地球の歩き方)》이라고 하는 베스트셀러 여행 가이드북 시리즈가 있다. 일본에서 가장 많이 팔리는 해외여행 안내 책자다. 1979년 창간된 이래 세계 각 나라 각 지역을 소개하는 122종의 안내 책자를 출판했고, 연간 800만 부가 발행됐다. 해외여행 안내 책자이지만 2020년 도쿄를 소개하는 책자를 출판해 주목받고 있다. 시리즈 중 처음으로 국내판을 출간한 것이다. 도쿄의 명소, 맛집, 산책 코스, 나이트 라이프, 선물 등 폭넓은 정보를 실었다. 대중목욕탕, 전통 공예 체험 등 지금까지 출판된 가이드북과 달리 아기자기한 내용으로 가득 차 있다. 도쿄에서 오래 살았어도 알기 어려운 숨겨진 멋있는

···《지구를 걷는 법》도쿄 편.
출처 : 저자 촬영

곳이 많이 소개돼 있다. 2020년 9월 발매되자마자 인기몰이를 하며 7만 부 이상 판매됐다.

　코로나로 인해 해외여행이 어려워진 상황에서 국내 여행에 대한 관심이 높아지면서 가까운 곳의 매력을 재발견하려는 움직임이 눈에 띄고 있다. 《지구를 걷는 법》과 더불어 이공간(異空間) 여행 매거진 〈원더 저팬(Wander Japan)〉도 인기다. 도쿄의 흔히 알려지지 않은 이색적인 장소를 다양하게 소개한다. 예를 들면, 도쿄 근교의 폐허 지역 등 보통 가이드북에서는 소개하지 않는 곳을 대상으로 해서 흥미가 끊이지 않고 있다. 한마디로 인스타그램에 안성맞춤인 장소를 소개한다. 변두리가 주는, 지금까지 보지 못했던 새로운 공간의 매력이 코로나 시대 소비자들의 공감을 얻고 있다. 코로나로 이동이 제한되면서 가까운 곳이지만 지금까지 놓치고 보지 못했던 곳에 대한 관심이 높아지고 있는 것이다.

국립공원도 외국인 이용객이 크게 줄면서 국내 이용객을 유인하려는 움직임이 일고 있다. 이에 맞춰 '워케이션(Work+Vacation)'이라는 신조어도 생겼다. 국립공원 시설에서 일과 휴가를 병행할 수 있게 하는 것이다. 오랫동안 머물도록 유도해서 외국 관광객의 빈 자리를 채워 지역경제를 활성화하려는 취지다. 물론 온라인을 통해 업무를 처리할 수 있도록 와이파이 등 통신 인프라도 충분히 갖춰놓았다. 회사나 가정을 벗어나 자연으로 둘러싸인 관광지에서 휴식을 취하면서 업무를 처리할 수 있게 해주는 것이다. 새롭게 나타난 것은 아니고 2000년 초 미국에서 이미 시작되었던 사회 현상이다. 다만 기업의 유급 휴가로 워케이션을 활용하는 사례가 늘어나고 있는 것은 주목할 만하다.

자연과 함께하면서 비즈니스에 몰두할 수 있는 환경이 마련된 것이다. 일과 휴식을 확실하게 구분 짓기 어려운 것이 단점이지만 사원들의 근무 환경을 정확하게 파악해서 이를 공정하게 평가하고 보수에 반영할 수 있는 새로운 규칙을 만들어 나가면 시대에 맞는 새로운 근무 환경을 제시할 수 있을 것이다. 풍요로운 자연과 함께 지역 요리 등을 즐기면 일에 대한 집중도도 높아진다. 이런 수요를 고객으로 유치하기 위해서는 라이프스타일의 변화에 빨리 대응하지 않으면 안 된다. 에어비앤비(Airbnb)는 휴양지에 있는 부동산 등 숙소를 워케이션 장소로 이용하는 것을 염두에 두고 장기 체류가 가능한 숙소를 사이트에 소개하고 있다.

또한 해외여행을 계획했으나 코로나의 여파로 갈 수 없게 되자 항공편까지 포함된 여행 예산으로 국내 고급 호텔에서 여유로운 시간을 즐기려는 수요도 나타나고 있다. 이에 호텔업계는 평소 쉽게 숙박할 수 없는 고급 호텔에 비교적 저렴한 가격으로 숙박할 수 있다는 것을 장점으로 부각시키며 기민한 대응에 나서고 있다.

코로나 이후 급감한 민박 수요에는 어떻게 대처해야 할까? 해외 관광객이 끊기면서 민박 사업자 역시 새로운 수요를 발굴할 필요성이 제기되고 있다. 새로운 수요를 창출할 아이디어가 필요하다. 교외에 재택근무 전용 렌털 오피스 겸 아파트 서비스 같은 새로운 비즈니스도 고려해볼 만하다. 교외에서 장기간 체류하면서 텔레워크하는 워케이션 용도로 사용할 수 있다. 다행스럽게도 지방 도시의 민박 수요는 꾸준히 회복되고 있다. 코로나로 해외여행이 제한되면서 억제된 수요가 국내로 쏠려 민박 수요가 회복되는 분위기는 전 세계적인 현상이다. 에어비엔비에 따르면, 국내 여행 예약은 전 세계적으로 전년 동기 대비 상승세를 보이고 있다.

여행은 시차를 두면 재미있다

2020년 일본의 대표적인 철도 회사인 JR도카이가 시대상을 반영한 광고 캠페인을 선보여 눈길을 끌고 있다. 코로나로 인해 사람들이 이동을 자제하면서 철도 회사가 크게 타격을 받은 상황에서 실시한 캠페인이다. 캠페인의 슬로건은 '여행은 시차를 두면 재미있다(旅ば ずらすと'面白い)!' 광고 캠페인을 넘어서 시대에 맞는 새로운 가치를 제안하는 동시에 다양한 터치 포인트를 통해 메시지를 전달하는, 광범위한 마케팅 캠페인에 가깝다. 홈페이지의 소개글을 살펴보자.

여행하는 시간, 장소, 행동을 비켜서 시차를 둬보자. 그러면 지금까지 몰랐던 것을 알아차리게 된다. 발견이 있는 즐거운 여행을 만들 수 있다. 사람이 붐비는 것도 자연스럽게 피할 수 있어서 안심된다. 다양한 장르의 전문가들이 시차를 두는 구체적인 방법을 알려준다. 그들의 제안은 향후 여행의 힌트가 될 뿐 아니라 가이드북대로 따라 하는 지금까지의 여행 방식에서 벗어나게 해줄 것이다. 여행은 시차를 두면 재미있다.

새로운 방식으로 당신만의 여행을 시작해보기 바란다.

시대의 변화를 정확하게 반영한 내용이다. 이 캠페인은 '즈라스 여행'(ずらす, '시차를 두다' 또는 '비키다'라는 뜻의 일본어 동사)이라는 새로운 스타일의 여행을 제안한다. 여행하는 시간, 장소, 행동을 '즈라스' 하면, 가이드북을 보면서 답을 맞히듯 해왔던 지금까지의 여행 패턴에서 벗어나 지금까지 알지 못했던 새로운 것을 발견하면서 여행을 즐길 수 있다. 즈라스 여행은 향후 여행의 새로운 트렌드로 정착할 것으로 기대된다. 나만의 차별화된 충실한 경험을 할 수 있고, 여행의 본질에 바탕을 둔 질 높은 여행을 즐길 수 있기 때문이다.

요즘 화제가 되고 있는 시차 휴가에 역시 즈라스 여행의 한 형태라 볼 수 있다. 여름 휴가같이 특별한 시기에 휴가를 떠나는 사람들이 집중되는 것을 최대한 피하기 위해 휴가에 시차를 두는 것이다. 특히나 올해 여름 휴가는 코로나 확산을 방지하기 위해 7월 초부터 9월 초 중순까지 분산해서 운영하는 회사가 많다. 코로나가 확산되기 전에도 휴가를 꼭 여름에만 한정해서 가야 하는가 하는 의문이 제기되어 왔던 게 사실이다. 사람들이 여름에만 피곤하고 스트레스를 받는 것은 아니다. 업무 스트레스가 있을 때, 심신의 피로가 느껴져 잠시 쉬고 싶을 때 1년 중 어느 때라도 휴가를 갈 수 있는 연중 시차 휴가 또는 연중 휴가 분산을 시도해볼 수 있다. 이로써 개인의 만족도가 높아지고 여행업계나 여행지도 특정 시즌에 집중되는 부담이 줄어들어 연중 안정된 비즈니스를 운영할 수 있지 않을까? 유명한 관광지에 관광객이 너무 많이 모여 제대로 된 서비스를 제공받지 못할 뿐 아니라 바가지 쓰는 일도 없을 것이다. 누구에게도 방해받지 않으면서 자신의 취향에 맞는 여행을 즐기는 시차 여행은 새로운 여행 스타일로 주목받으며 코로나 이후에도 계속될 것으로 보인다.

조금 비켜나서 보면 재미있는 것은 여행만이 아니다. 상식이건 규칙이 되건 조금 비켜서면 재미있는 요소가 발견된다. 이렇듯 비켜나는 틈을 통해 새로운 것이 생겨나기 때문이다. 이와 관련, 코로나 감염 우려를 덜어주면서 고객에게 새로운 여행의 즐거움을 제한하는 기발한 마케팅 전략이 다양하게 고안되고 있다.

시차를 적용하는 것은 결코 새로운 일이 아니다. 최근 코로나의 영향으로 시차 근무를 적극적으로 시행하는 기업이 늘어나고 있다. 많은 회사가 오래전부터 시차 근무제를 실시해왔다. 시차 출근, 시차 휴가 등 시차를 활용하면 좀 더 여유로운 삶이 가능하다. 모두가 모여서 같이하는 것보다는 나만의 시간을 갖고 나에게 맞는 프로그램과 콘텐츠로 좀 더 만족스럽고 의미 있으며 질 높은 시간을 보낼 수 있다. 잘만 활용하면 코로나로 그 가능성을 검증받은, 새로운 긍정적인 선물이 될 수 있다. 출근 시간을 맞추느라 헐레벌떡 뛰거나, 환승 지하철을 놓쳐서 아침부터 긴장하거나, 늦잠 자서 아침을 거르고 빈속으로 나오거나, 만원 버스나 지하철에서 몸싸움을 하는 풍경이 사라질 수 있다. 하루의 시작을 여유롭고 능동적인 마음으로 할 수 있으면 삶의 질은 자동적으로 높아진다. 시차를 통해 사람들과의 밀접 접촉을 피할 수 있어서 코로나 같은 전염병 확산을 방지할 수도 있다.

시차를 마케팅에 적용하면 공급자로선 고객을 분산시킴으로써 안정되고 질 높은 서비스를 제공할 수 있게 된다. 사용자로선 좀 더 편하고 안정된 분위기에서 서비스를 제공받게 되어 만족도가 높아진다. 새로운 서비스, 새로운 수요 창출이 가능하다. 잘 활용하면 기업과 소비자 모두 이익을 얻을 수 있는 현명한 마케팅 전략이 될 것이다. 여행뿐만 아니라 다른 여러 분야에 시차 마케팅이 적용되기를 기대해본다.

펜트업(Pent-up) 효과에 대비하라

코로나가 해결되기까지는 좀 더 시간이 걸릴 것으로 보인다. 모든 문제가 해결되더라도 이전 같은 세상은 아닐 것이다. 뉴노멀 시대가 눈앞에 있다. 외부 요인으로 억눌렸던 수요가 급속도로 분출되는 시기가 조만간 도래할 것이다. 억눌렸던 수요가 급속도로 살아나는 펜트업 효과에 대비해야 한다. 인간은 천성적으로 여행을 필요로 하는 존재다. 관광업 자체가 없어질 가능성은 없다. 단지 코로나로 시작된 새로운 현실에 적응할 필요가 있다. 안전, 위생, 건강에 대한 철저한 배려와 디지털 기술 활용이 더욱 긴요한 시점이다.

한국문화관광연구원의 〈포스트 코로나 시대 문화 · 관광 전망 설문조사〉에 따르면 코로나가 종식된 이후 가장 원하는 여가 활동으로 여행이 꼽혔다. 인천국제공항공사의 설문조사에 따르면 코로나 백신이 개발된 이후 내국인의 70.2%, 외국인의 82.0%가 '해외여행을 떠날 계획이 있다'고 답했다. 여행업계나 여행을 그리워하는 사람 모두 코로나 이후를 기대하고 있다. 곧 되살아날 해외여행 붐에 준비하면서 동시에 국내 관광 산업의 기반을 다질 수 있는 좋은 기회다.

로컬 시장이 재조명된다

어떤 도시이건 사람이 아침에 나가보지 못할 정도로

너무 커서는 안 된다.

시릴 코놀리(Cyril Connolly), 영국의 문학 비평가

코로나로 인해 많은 나라의 정부가 사람들의 이동을 규제하고 있다. 국경이 문을 닫고 국제편 항공이 운항을 중단했다. 소비자들도 이러한 규제와 제한에 적응하면서 새로운 습관을 만들어가고 있다. 여행이 제한되고, 영화관이 문을 닫았다. 불황, 록다운, 사회적 거리두기가 일상적인 용어가 되었다. 이런 가운데 지방이 새롭게 주목받고 있다. 지방을 중심으로 한 새로운 형식의 경험이 생겨나고 있다. 코로나로 인해 지방으로의 이주를 희망하는 사람이 늘어나면서 지방에 대한 관

심이 높아지기 시작했다. 지방을 활용한 새로운 형태의 경험이 주목을 받으면서 지방경제를 활성화할 수 있는 새로운 기회가 생겨나고 있다.

코로나가 한창이던 2020년 5월 도쿄는 2013년 이후 처음으로 인구 유출이 유입보다 많았다. 7~10월에도 1만 3000명의 전출 초과를 기록하면서 이러한 흐름이 일회성이 아닐 거라는 분석이 제기되고 있다. 2021년 3월 발표된 조사 결과에서도 전입 대비 전출 초과 현상은 지속됐다. 반면 전입이 초과된 지역은 지바현, 홋카이도, 오사카 등 지방 도시다. 재택근무가 가능해지면서 주거 환경이 비교적 좋은 지방에 거주하면서 일하는 사람들이 많아지고 있는 것이다.

재택근무나 텔레워크 등이 어느 정도 정착되면서 대도시가 아니더라도 충분히 업무를 처리할 수 있는 환경이 갖춰지고 있다. 코로나 팬데믹은 시각을 조금만 바꾸면 무역이나 관광 측면에서 한 나라에 너무 의존하는 것을 줄이고 균형을 잡을 수 있는 좋은 기회이자 도시 집중형에서 지방 분산형으로 전환할 수 있는 좋은 기회가 될 수 있다. 도시 집중을 견제하면서 대도시와 지방의 균형 잡힌 발전을 모색할 수 있는 절호의 기회다. 이런 움직임이 정착된다면 서울이나 도쿄 같은 대도시는 가끔 필요할 때 들르는 곳으로 바뀔 것이다. 지방의 매력을 적극적으로 부각시킬 수 있는 좋은 기회로 활용해야 한다.

시골이 뜨고 있다

탈 도시화 트렌드는 코로나 이전부터 세계 곳곳에서 나타나고 있었으나, 코로나를 계기로 도시를 탈출해서 지방으로 이주하는 트렌드가 퍼지고 있다. 호주 시드니에선 최근 도시에서 시골로 이주하는 젊은층이 늘어나고 있다. 물론 이중에는 코로나로 재정적인 어려움을 겪게 되자 도시 생활을 그만두고 지방 이주를 고려하는 경우도 있다. 그러나 대부분 지방의 매력을 새롭게 발견하게 된 데 따른 결과로 보인다. 2020년 시드니 위원회가 시장 조사기관 입소스(Ipsos)에 의뢰한 결과에 따르면, 응답자의 5분의 1이 향후 몇 년 내 인구가 밀집된 대도시에서 떠날 생각을 하고 있다고 밝혔다. 특히 18~34세 연령층의 26%가, 50세 이상 연령층의 13%가 시드니를 떠날 생각이 있다고 답해서 젊은층의 지방 이주에 대한 관심이 높은 것으로 나타났다.

미국도 마찬가지다. 코로나 이후 도시에서 시골로 관심이 전환되는 움직임이 나타나고 있다. 미국 역사상 없었던 일이다. 지금까지 사람들은 시골에서 도심으로 계속 이동해왔다. 그런데 코로나로 인해 그 같은 분위기가 바뀌고 있다. 인구 밀도가 낮은 시골 지역은 사회적 거리두기를 자동적으로 할 수 있어서 도심에 비해 바이러스 감염 확률이 확실히 낮다. 이것은 도심 생활의 이점이 많은데도 불구하고 많은 미국인들이 시골로의 이주를 고려하게 만드는 원인이 될 수 있다. 그렇다고 해서 시골 생활의 매력이 감염 방지가 전부는 아니다. 맑고

깨끗한 공기 등 자연 환경도 중요한 매력 포인트다. 현지에서 재배된 유기농 농작물을 도심에 비해 저렴하게 구입할 수 있는 점도 빼놓을 수 없다. 직접 재배할 수 있는 재미는 당연하다.

이런 추세에 발맞춰 최근 일본에서는 지방으로 유턴하는 젊은 직장인들이 늘고 있다. 실질적으로 재택근무가 가능해진 업무 환경의 변화와 더불어 사람들이 밀집된 곳을 피하려는 '코로나 여파'가 더해진 까닭이다. 돈 벌고 출세하기 위해 대도시에 있는 회사에 취업하는 것을 당연하다고 여겼던 일본인들의 가치관이 바뀌고 있는 것이다.

이밖에 환경적 측면에서도 지방이 주목받고 있다. 코로나는 우리 삶의 다양한 분야에 영향을 주었는데, 환경을 생각하고 삶을 복원시키는 계기도 제공했다. 공장이 멈추면서 미세먼지와 공해 없는 하늘을 볼 수 있게 되었다. 코로나 이전까지 사람들은 인간이 자연을 망가뜨리고 있다는 사실을 자각하지 못하다가 미세먼지 없는 푸른 하늘을 보면서 환경에 대한 인간의 책임을 생각해보게 되었다. 이런 분위기 속에서 지방이 주목받고 있다. 지방에서는 아침에 햇살을 받으며 일어나고 저녁에 느긋하게 석양을 바라보는 친환경적이고 생태학적인 생활이 가능하다. 코로나를 계기로 지방으로의 이주자가 증가하는 것과 더불어 살기 좋은 지역 도시 만들기 운동이 진행되면 지역 주민의 자부심 회복으로도 연결될 수 있다. 지방 활성화의 계기가 될 수 있다.

전 세계적으로 사람의 흐름에 본격적으로 변화가 생기면서 인재 활용 면에서도 지역이 활성화되는 변화가 나타나고 있다. 그 지역에서 살고 있는 사람뿐 아니라 새로운 감성과 경험을 가지고 있는 외부 사람이 유입되면서 지역 발전에 도움이 되고 있는 것이다. 도시에서 경험을 쌓은 인재가 전국 각지로 분산되면서 지역 주민과 융합해 새롭게 지방 도시를 활성화시키고 있다. 지방 도시가 재도약할 계기가 될 것으로 보인다.

도시와 지방의 듀얼 워크 모드

재택근무의 급속한 보급으로 도시와 지방에서 일하는 사람 사이의 거리감이 줄어들었다. 또한 부업을 인정하는 회사가 늘어나면서 부업하기 쉬운 환경이 갖춰졌다. 도시와 지방을 오가면서 생활하는 것도 가능하다. 이런 분위기 속에서 계속 도시에서 사는 것도, 계속 지방에서 사는 것도 아닌 중도파가 증가하고 있다. 도시 또는 지방 중 하나를 선택하는 것이 아니라 시간, 공간, 정보를 세분화해서 자유롭게 활용할 수 있게 된 것이다. 한마디로 자신만의 스타일로 살아가는 시대가 되었다. 도시에서 80%의 시간을 보내고 지방에서 20%의 시간을 보내는 등 마음대로 정하면 된다. 미래에는 도시와 지방의 구분이 의미 없어질 것이다. 어디든지 마음에 드는 장소에서 생활하면 된다.

디지털 기술 발달로 어디서든 자유롭게 일할 수 있게 되면서 부업도 자유로워졌다. 역시 키워드는 지방과 온라인이다. 비욘드 부업 시대가 열린 것이다. 비욘드 부업은 물리적 거리나 심리적 벽을 넘어선 근무 형태다. 디지털 기술 발달로 재택근무가 가능해졌기에 현실화될 수 있었다. 대도시의 직장에는 일주일에 한 번만 출근하고 거주하는 지방에서 부업을 하면서 지역사회에서 자신만의 경험을 활용한다. 이처럼 최근 일본에선 수도권 대기업에 근무하는 사람이 지방 중소 도시에서 부업을 하는 사례가 늘어나고 있다. 이를 매칭해주는 플랫폼 서비스도 등장했다. 부수입이 생기는 장점도 있지만 자신의 업무 역량을 향상시킬 수 있는 것도 매력이다. 부업하는 회사의 규모가 비교적 작아서 업무를 주도적으로 이끌어 나갈 수 있다. 개인만이 아니라 지방 중소도시로서도 장점이 많다. 대도시의 대기업에서 근무하는 인력이 가지고 있는 노하우를 비싸지 않은 적절한 비용으로 활용할 수 있다.

지방 활성화가 현실화될 수 있었던 가장 큰 이유는 텔레워크 업무가 가능해졌기 때문이다. 기술적인 면에서 볼 때 이미 20년 전부터 텔레워크가 가능했지만 보편화된 것은 최근의 코로나 이후다. 텔레워크는 많은 사례에서 증명되듯, 고용주와 종업원 모두에게 도움이 된다. 처음에는 사람들이 좀 더 안전한 곳에서 일할 수 있는 방법으로 시행되었던 것이 이제는 전 세계적인 트렌드로 정착되고 있다. 코로나 상황이 타개되더라도 재택근무를 포함한 텔레워크는 회사와 종업원 모두 선호하는 업무 스타일로 정착할 것으로 보인다. 텔레워크는 지방의 약점을 보완하면서 지역의 균형적인 발전에 톡톡히 기여할 것이다.

브랜드로서의 지방 도시

대도시에서 지방 소도시로의 인구 이동이 일어나면서 경제를 매크로 관점이 아닌 개별적 관점에서 세분화해 생각할 필요성이 제기되고 있다. 대도시 중심의 규모에 기준을 둔 경제라는 관점보다는 지역이나 지방에 초점을 맞추는 것이다. 예를 들면, 앞으로는 작은 마을을 소개하는 TV 프로그램이 시청자의 관심을 더욱더 끌게 될 것이다. 이러한 트렌드가 활성화되면 자급자족형, 지방 소비형 커뮤니티가 정착될 것이다. 이 같은 분위기에 힘입어 지방 도시는 지금까지의 농업, 어업, 수공업 같은 1차 산업의 중심지뿐만 아니라 IT나 게임 개발 등 3차 첨단산업의 후보 도시로 성장할 수 있을 것이다.

지방 활성화를 위해 지역 관광, 숙박, 음식, 특산물 등 지방 도시의 기존 산업을 발전시키는 동시에 함께 창의적 인재와 기업을 육성해야 한다. 균형 잡힌 산업 구조를 구축하는 차원에서 IT 인재를 육성하는 것 역시 새롭게 시도해볼 만한 분야다. 이와 관련, 새로운 지역 활성화 사업 구조를 바탕으로 지역 브랜드를 정립하는 작업이 매우 중요하게 부각되고 있다. 특히 IT가 지방 고유의 브랜딩을 정립하는 데 중요한 요소로 작용할 것으로 보인다.

앞으로 지방 도시 발전 전략을 구축하는 데 있어서는 기업 경영 및 적극적인 마케팅 관점을 도입할 필요가 있다. 경쟁자와 비교해서 우위를 찾고 외부와의 상관관계에서 전략을 수립하는 것은 기업 경영에 있어서 당연한 일이다. 지방 도시는 각기 다른 매력을 가지고 있다. 코로나는 지방 도시를 객관적으로 냉정하게 바라볼 수 있는 기회를 만들어주고 있다. 지방 도시 재건 트렌드는 오랫동안 계속될 것이다.

소비자들은 지방의 상품을 질 좋고 신뢰할 수 있고 친숙하다는 등 긍정적인 이미지로 인식하고 있다. 지금이야말로 지방의 경쟁력을 키워서 지방 상품을 제대로 정착시킬 수 있는 기회다. 코로나 상황이 해결되더라도 이러한 트렌드가 지속되도록 해야 한다. 이런 분위기를 잠시 유행하는 것이 아니라 장기 트렌드로 이끌기 위해서는 보다 세심한 노력이 필요하다. 기업 경영의 관점과 마케팅적인 시야를 가지고 지방의 활성화를 위한 새로운 포지션 전략을 수립하는 등 다양한 시도가 절실한 시점이다.

보이지 않는 것을 보이게 하는 힘

브랜드는 기대, 추억, 스토리, 그리고 관계를 하나로 합친 통합체다.

브랜드는 한 소비자가 특정한 제품 또는 서비스를 선택하는 이유를 설명해준다.

세스 고딘(Seth Godin), 미국의 작가 겸 기업인

"오후 6시 이후에는 거리에 나돌아 다니지 마라." "걷지 마라." "대중교통 이용을 피하라." "호텔 방에 귀중품을 놓고 외출하지 마라." "화재를 조심하라." 1975년 경찰과 소방노조 등 공공안전노조가 배포한 〈뉴욕 방문자를 위한 생존 가이드(Welcome to Fear City-A Survival Guide for Visitors to the City of New York)〉에 쓰여 있는 9가지 가이드라인에서 발췌한 문구다. 당시 뉴욕에는 '공포의 도시(Fear City)'라는 낙인이 찍혀 있었다. 1970년대 뉴욕은 망가질 대로 망가진 매력 없는 도시

였다.

이러한 부정적인 이미지를 개선하고 뉴욕 시민들에게 희망을 주기 위해 뉴욕시는 1977년부터 '아이 러브 뉴욕(I Love New York)!' 캠페인을 실시했다. 뉴욕의 새로운 이미지와 새로운 명성을 만들자는 목표로 기획된 캠페인이다. 뉴욕은 방문해볼 만한 곳이고, 돈 벌기 좋은 곳이라는 이미지를 만드는 데 홍보의 초점을 맞췄다. 이 캠페인의 성공으로 1970년대 후반 뉴욕은 관광객의 천국이 됐고, 이 같은 분위기는 지금까지도 계속되고 있다. 비즈니스 출장자, 컨벤션 참가자, 외국 관광객들이 미국은 물론 전 세계 각지에서 뉴욕으로 몰려들고 있다. 이에 맞춰 고급 호텔, 관광 시설도 많이 지어졌다. 이렇게 뉴욕의 새로운 시대가 열렸다.

뉴욕이 공포의 도시에서 세계 최고의 매력적인 도시가 되기까지는 도시 브랜딩 과정이 큰 역할을 했다. 뉴욕이라는 도시를 매력적으로 브랜딩해서 뉴욕에 새로운 가치를 더한 것이다.

포스트 코로나 시대, '아이 러브 뉴욕' 같은 도시 브랜딩 전략이 지방으로 확산되고 있다. 대규모 예산을 가지고 유명 광고 회사를 채용해서 대대적으로 시행하는 광고, PR 캠페인과는 다르다. 관광객을 적극적으로 유치하기 위한 캠페인도 아니다. 지방 소도시의 특징과 매력을 살려서 지역 주민이 적극적으로 참가하는, 시대에 맞는 브랜딩 전략이 필요하다. 대도시보다는 지금까지 관심을 받지 못했던 지

방 중소도시의 활성화가 필요한 시기다. 포스트 코로나 시대를 앞두고 지역에 대한 관심이 커지고 지방의 매력이 적극 부각되면서 지역 브랜딩이 최고의 효과를 발휘할 조건이 갖춰졌다.

상품 및 서비스에 대한 브랜딩이 필요한 것처럼 지역에도 브랜딩도 필요하다. 성공적인 브랜딩은 뉴욕 같은 대도시의 전유물이 아니다. 포스트 코로나 시대에는 지방 소도시에 대한 관심이 더 커질 것이다. 성공적인 브랜딩을 통해 주변 지역과 비교해서 경쟁력 있는 아이덴티티를 확보한다면 투자를 유치할 수 있고, 관광객을 늘릴 수 있을 것이다. 무엇보다 중요한 사실은 지역 주민의 삶의 질을 높일 수 있다는 것이다. 이를 위해서는 지역 주민, 투자자, 그리고 방문객 모두가 공감할 수 있는 가치를 찾아서 제공해야 한다.

지금은 지역 브랜딩 시대

루마니아에는 인구 7만 명 규모의 조그마한 소도시 알바이울리아(Alba Iulia)가 있다. 루마니아에서 가장 큰 성벽 알바카로리나(Alba Carolina)가 있는 곳이다. 오래된 역사와 풍부한 문화 유적지를 보유하고 있는데도 불구하고 이러한 자원이 제대로 활용되지 못한 채 방치되면서 폐허의 도시가 되어가고 있었다. 그러던 중 현지 광고 회사에서 근무하는 디자이너가 봉사 차원에서 개발한 알바이울리아의 새로운 로고가 이 지역을 본격적으로 브랜딩하는 계기가 되었다. 이를 시작으로 장기간에 걸친 꾸준한 노력과 지속적인 캠페인으로 알바이울리아는 관광객, 투자자, 지역 주민 모두에게 매력적인 도시로 탈바꿈했다. 외부에서 새로운 투자를 유치해 새로운 일자리를 만들어 부를 키우고 풍부한 녹지 공간, 자연 환경, 역사 유물을 활용해 관광객들이 오랫동안 머물고 싶어 하는 도시로 만들었으며 지역 주민들이 살기 좋은 곳으로 만드는 데 성공했다.

알바이울리아의 변화는 루마니아의 첫 번째 지역 브랜드 성공 사례라고 할 수 있다. 알바이울리아는 현재 루마니아에서 가장 인기 있는 여행지로 손꼽히고 있다. 투자가 늘어나면서 지역 주민도 증가했다. 2000년 6만 명이던 인구가 2017년에는 7만 4000명으로 증가했다. 브랜딩 전문가가 참가해 체계적인 브랜딩 작업이 진행되었고, 지역 브랜딩 매뉴얼까지 개발했다. 공공 분야는 민간 기업에 비해 브랜딩에 소극적이면서 부정적인 경향이 있고, 브랜딩의 목적 및 과정에 대한 이해도가 떨어지게 마련이다. 알바이울리아는 이런 부족한 부분을 전문가의 힘을 빌려서 해결했다.

현재 알바이울리아는 루마니아 최초의 스마트 시티를 목표로 하고 있다. 많은 기업이 알바이울리아를 거점으로 삼아 디지털 교육, 스마트 조명, 의료, 버추얼 투어 등 디지털 신기술 관련 사업에 투자하고 있다. 알바이울리아의 지역 브랜딩 성공 사례는 문화와 환

··· 도시 브랜딩의 계기가 된 알바이울리아의 새로운 로고.
출처 : https://seekvectorlogo.net

경이 비슷한 유럽의 다른 지역뿐만 아니라 전 세계 소도시에 좋은 참조가 될 것이다.

미국 중부 뉴멕시코주에 인구 50만 명의 중소 도시 앨버커키(Albuquerque)가 있다. 넷플릭스에 소개된 〈브레이킹 배드(Breaking Bad)〉의 배경으로 등장해서 유명해진 곳이다. 이 드라마의 영향으로 전국 각지에서 관광객이 몰려들고 있다. 또한 매년 국제 벌룬 페스티벌을 개최하면서 이 기간에만 75만 명의 관광객이 방문하고 있다. 하지만 앨버커키는 이에 만족하지 않았다. 드라마 속 이미지가 긍정적인 편이 아니기 때문이다.

드라마와 벌룬 이상의 가치가 있다는 것을 외부에 알리기 위해 앨버커키는 가식 없고 개방적이고 혁신적인 도시 브랜드 이미지를 확립하려는 확실한 목표와 비전을 가지고 브랜딩 작업을 시작했다. 몇 년간의 노력과 캠페인 끝에 새로운 기업가라고 하는 타깃층을 찾아냈다. 젊은 기업가와 벤처 투자가들이 앨버커키를 거점으로 삼아 새로운 비즈니스를 시도하기 시작한 것이다. 그 결과, 이제는 테크놀로지 관련 스타트업을 위한 가장 새롭고 핫한 도시로 자리매김하면서 실리콘밸리와 유치 경쟁을 벌이고 있다.

앨버커키의 성공 사례는 도시 브랜딩에 있어서 중요한 점을 시사한다. 지역 브랜딩에는 많은 도전 과제가 있지만, 성공하기 위해서는 무엇보다 목표와 비전을 명확히 할 필요가 있다. 탄탄한 이정표를 가

지고 세부 프로세스에 집중해서 브랜딩 작업을 계속하다 보면 성공
적이면서 지속가능한 가치를 만들 수 있다. 앨버커키 역시 새롭게 제
시한 가치로 인해 외부 사람들의 인식을 바꿀 수 있었다. 예전과 달리
앨버커키는 다양한 스타트업 기업을 위해 부상하는 도시라는 인식이
점점 더 확대되고 있다. 친절한 주민, 저렴한 생활비, 최고 수준의 시
설과 기술을 완비해 스타트업이나 혁신적인 두뇌를 가진 사람이 성
장할 가능성을 제공하는 지역으로 손꼽히고 있는 것이다.

지방 도시의 매력에 디지털로 활력을 더한다

디지털 기술을 적극적으로 도입하면 지방 도시를 젊고 활기 넘치
는 장소로 바꿀 수 있다. 일본의 남쪽 규슈 지방 가고시마현의 아름다

운 섬 아마미오시마[鹿児島県奄美大島]의 아마미시[奄美市] 이야기를 해
보자. 아마미시는 인구가 4만 4000명에 불과한 아주 조그마한 섬마을
이다. 복잡한 일상에서 벗어나 잠시 모든 걸 뒤로 하고 자연으로 돌아
가고 싶을 때 여행지로 삼기에 최적의 장소다.

이 섬은 2015년부터 '프리랜서가 가장 일하기 좋은 섬 만들기 계
획'을 실시하고 있다. 코로나로 인해 텔레워크로 전환하는 직업이 많
아지면서 휴양지에서 워케이션을 즐기는 사람이 늘어나고 있는데, 아
마미시는 최적의 워케이션 장소라고 할 수 있다. 아마미시는 프리랜
서들을 유치하기 위해 수년 전부터 준비를 해왔다. 프리랜서를 지원
육성하기 위해 대도시에 있는 대기업과 연계해 다양한 활동을 지원
한다. 그 결과, 다른 지역에서 IT 관련 업무를 중심으로 많은 프리랜서
가 유입되고 있다. 이들 프리랜서는 워케이션이라는 새로운 근무 방
식을 통해 웹 제작, 온라인 판매 운영, 프로그래머, 드론을 활용한 자
연 촬영 등 디지털 기술을 활용한 다양한 활동에 종사하고 있다. 아마
미시는 '어디에서도 할 수 있는 업무, 그리고 여기에서만 맛볼 수 있
는 삶'이라는 슬로건으로 사람들을 끌어들이고 있다. 조그마한 섬마
을의 지역 브랜딩 성공 사례다.

아름다운 자연에 둘러싸여 일하고, 자녀를 교육시키고, 시간을 자
유롭게 보내는 등 아마미시는 이 섬이 아니면 즐길 수 없는 체험을 제
공한다. 자신만의 워라밸을 디자인하는 사람에게는 정말로 매력적인

장소라고 할 수 있다. 아마미시는 앞으로도 디지털 기술을 활용해 다양한 업무를 수행할 수 있는 환경을 갖춰 IT뿐만 아니라 새로운 분야의 프리랜서를 적극 유치할 계획이다. DX 2.0 시대 지역 브랜딩 성공의 여부는 최신 기술을 완비한 모빌리티, 에너지·건강·교육 분야에서의 인프라 구축과 더불어 그 지역에서 거주함으로써 삶이 더 멋있고 편리해질 수 있다는 브랜드의 약속에 달려 있다.

보이지 않는 것을 보이게 하는 지역 브랜딩

안정적인 상황에서는 불거지지 않았을 사회의 여러 문제점이 100년에 한 번 나타날까 말까 한 코로나라고 하는 위기와 그로 인한 변화를 통해 확실하게 부각되고 있다. 이러한 위기와 변화는 새로운 아이디어를 바탕으로 신규 비즈니스를 창업할 수 있는 기회이기도 하다. 실제로 세계 곳곳에서 창업 의욕이 고조되고 있다. 최근 나타난 이 같은 움직임의 키워드는 '탈 도시화'다. 어디에서든 일할 수 있는 환경이 갖춰지면서 지방의 창업 장벽이 크게 낮아졌다. 디지털 기술을 기반으로 하는 클라우드 서비스, 텔레워크 등의 급격한 보급으로 탈 도시화는 더욱 가속화될 전망이다.

미국의 경우, 2020년 신규 사업 신청 건수는 미시시피주, 조지아주 등 남부 중소 도시를 중심으로 전년 대비 50% 가까이 증가했다.

이는 지금까지 스타트업이 몰려 있던 캘리포니아주가 10%, 뉴욕주가 3%에 머무른 것과 뚜렷이 비교된다. 일본의 경우, 2020년 7월 이후 도쿄를 중심으로 한 대도시에선 창업이 줄어든 반면 지방에서의 창업은 늘어나고 있는 추세다.

탈 도시화에 따른 지방 도시의 활성화는 지역 브랜딩 전략과 밀접한 관련이 있다. 규모와 지역에 상관없이 세계 곳곳에서 지역 브랜딩 성공 사례를 찾아볼 수 있다. 고령화와 지방 산업의 쇠퇴로 인한 지방 재정 감소 등 여러 가지 문제로 쇠퇴의 길을 걷고 있는 지방 도시의 사정을 감안할 때, 지역 특유의 매력과 경쟁력을 널리 알려서 좋은 이미지를 만들어가는 지역 브랜딩 전략의 중요성이 더욱 부각되고 있다.

지역 브랜딩이 성공하기 위해 가장 중요한 것은 브랜딩 추진 주체가 확실한 목표와 비전을 확립하는 것이다. 특히 기존에 가지고 있던 이미지가 지속적이거나 매력적이지 못하다고 판단되는 경우에 이는 더욱 중요한 가치를 지닌다. 이를 실현하는 과정에서 관광객, 투자자, 지역 주민 모두에게 매력적인 도시로 재탄생할 수 있다.

둘째, 캠페인을 전개하더라도 그 내용이 매력적이지 않으면 공감을 얻지 못하고 흐지부지 끝날 수밖에 없다. 다른 지역에서는 찾아볼 수 없는 그 지역만의 강점을 부각시키는 브랜딩 전략이 필요하다. 이와 관련, 물건보다는 특히 경험이 중요하다. 물건을 소비하는 것에 매력을 느끼는 사람은 줄어드는 반면 무엇인가 독특한 체험을 하고 싶어 하는 니즈는 점점 더 커지고 있다. 우리 지역에서만 할 수 있는 독특한 체험이 무엇인지 찾아 차별화 포인트로 삼아야 한다.

셋째, 외부 전문 인재의 등용이 필요하다. 특정 지역에서 오랫동안 살다 보면 고정관념이 생길 수밖에 없다. 해당 지역을 객관적으로 분석하면서 독특하고 차별화된 브랜딩이 가능한 지역 자원을 찾아내는 지혜가 필요하다. 이런 의미에서도 다른 지역에서 살다 온 사람의 생각과 관점을 적극 활용해야 한다. 이와 더불어 민간 기업이나 문화, 마케팅, 디자인 전문가들이 적극 나서야 한다. 지역 디자인이나 지역 브랜딩 작업은 전문가의 지원이 무엇보다 중요하기 때문이다.

마지막으로 디지털 기술의 활용이 성공의 키를 쥐고 있다. 지역 활성화에 있어서 마케팅 관점이 결합된 디지털 기술은 필수불가결한 요소다. 디지털 기술이 쉽고 투명한 방법으로 활용되면 사람들의 삶은 더욱 풍부하고 즐거워진다.

지역 브랜딩은 지역을 활성화하는 데 있어서 매우 중요하고 유용한 시책임이 분명하다. 포스트 코로나로 인해 지방에 대한 긍정적인 인식이 생겨나고 있다. 이런 분위기에 발맞춰 적극적이면서 전문적인 브랜딩 전략으로 도시와 지방의 균형 있는 발전에 기여하고 여유롭고 아름다운 삶을 만드는 데 도움이 되도록 노력해야 한다. 위축된 지방 경제를 살리자고 외치는 것은 결코 해결책이 아니다. 체계적이고 장기적인 브랜딩 전략이 필요하다. 무엇보다 지역 주민의 참여가 중요하다. 이것이 바로 지금까지 보이지 않았던 것을 보이게 하는 지역 브랜딩의 힘이다.

DX2.0
Digital Transformation Marketing

7장

**새 시대의 마케팅,
양보다 질을**

여행, 새로운 가치를 찾아라

목적지가 중요한 것이 아니다. 여정이 중요하다.

랠프 왈도 에머슨(Ralph Waldo Emerson), 미국의 작가이자 철학자

인간 사회는 사람을 집약해서 경제성을 높이고 이에 따라 생활을 풍부하게 만들어왔다. 관광, 레저, 대규모 홀, 점보 비행기, 버스, 크루즈 등은 집단 활동으로 비용을 비약적으로 낮춘 사례다. 여행 상품도 비용 대비 효과가 높아 많은 사람이 쉽게 접근할 수 있다는 게 큰 장점으로 작용해왔다. 하지만 코로나의 영향으로 여러 사람이 함께하는 것은 위험하다는 인식이 퍼지고 있다. 더 이상 대규모로 모여 경제 활동을 할 수 없게 되는 비효율성, 즉 집적의 불경제가 발생하고 있다. 이런 상황에서, 더군다나 온라인으로 대체하기 힘든 여행은 새로운

방식의 변화가 필요하다.

코로나로 인해 여행자의 의식이 크게 변하고 있다. 위생과 안심이 새로운 키워드로 떠오르고 있다. 환경과 문화의 중요성을 인식하면서 관광을 즐기려는 에코 투어리즘의 수요 역시 증가하고 있다. 단체보다는 개별적인 움직임이 요구된다. 따라서 비용이 증가하는 것은 피할 수 없는 상황이 되어버렸다. 이런 상황에 맞춰 새로운 부가가치를 만들어낸다면 비용 대비 효과가 높아지고 수요 역시 증가할 것이다. 관광업계의 변화가 필요하다. 새로운 부가가치를 창조하는 것은 그 무엇보다 시급한 과제다.

관광의 종언을 고하다

덴마크 코펜하겐(Copenhagen)시는 최근 '관광의 종언(The end of tourism)'을 선언했다. 뉴노멀 시대에 접어들면서 코로나 이전의 여행 형태와 결별을 선언한 것이다. 앞으로의 관광은 지역 주민과 관광객 모두에게 이로운 구조로 진화할 것이다. 관광객을 스쳐 지나가는 손님으로 보지 말고 지역 사회에 단기간 머물 주민으로 인식해야 한다. 여행하다가 일시적으로 지역 사회의 주민이 되어서, 커뮤니티의 구성원이 되어서 지역사회에 공헌하는 모델이다. 이런 모델에서는 관광객과 관광지의 주민이 하나의 집단으로 인식된다. 관광지 주민이

관광객이 지불하는 금전의 대가로 삶의 질을 희생하는 구조가 아니다. 이를 실현하기 위해서는 관광객이 관광지의 커뮤니티 가치에 공감할 기회를 제공해야 한다. 관광객과 지역 주민 간의 연대를 강화해서 재방문을 이끌어야 한다. 한번 연결되면 관계를 지속시키는 것이 목표다.

　미국의 애리조나 세도나(Sedona)시도 관광의 종언을 선언하고 새로운 관광 시대를 열어가겠다는 포부를 밝혔다. 대량 소비자로서의

관광객은 사절하고, 관계를 중시하고 진실하고 독특한 경험을 추구하
는 안목이 있는 관광객을 유도할 계획이다. 자연 환경을 보존하고 지
역 주민의 감정을 존중하는 책임감 있는 관광객의 방문을 기대하는
것이다. 이를 위해 유명 관광지를 둘러보는 것보다는 지역 주민과의
접촉을 중요하게 생각하는 쪽으로 관광의 방향으로 바꾸고 있다. 이
렇게 새로워진 관광을 즐기다 보면 관광객과 지역 주민이 친구가 되
어서 오래 기억될 추억을 만들 수 있다. 관광객과 지역 주민이 조화로
운 관계를 통해 삶의 질을 높이는 동시에 기억에 남는 진정한 경험을
할 수 있다. 지역 사회를 방문한 동안 관광객은 일시적으로 지역 주민

이 된다. 방문한 지역 사회의 문화, 환경, 인간관계에 몰입하고 잠시나마 지역 주민으로 살아보는 경험을 하면서 깊은 감동을 느낀다. 그러다보면 여행이 끝날 무렵에는 단순히 휴가지를 방문한 데서 끝나는 것이 아니라 일생을 바꾸는 경험을 얻게 된다.

상처뿐인 관광, 오버 투어리즘

지역의 수용력을 넘어선 관광은 여러 가지 폐해를 발생시킨다. 관광지의 수용력을 판단할 때는 관광시설, 사회자본, 공공 서비스, 지역 커뮤니티, 자연 환경 등 다양한 변수를 고려해야 한다. 수용력을 넘어설 정도로 관광객을 수용하다 보면 자연 환경이나 경관이 파손되는 것은 물론 주민 생활이 무너지고, 관광객의 입장에서도 관광 체험의 질이 저하되기 마련이다. 관광 체험의 질 저하는 관광지의 이용 가치, 브랜드 가치의 저하로 이어지면서 관광객의 재방문 욕구를 당연히 떨어뜨린다. 이것뿐만이 아니다. 관광이 지역 사회의 생활 환경을 파괴하는 사태, 즉 관광 공해가 나타난다. 지역의 자연, 역사문화유산, 도시 기능 등 모든 자원에 부하가 걸리고, 관광지 주민들의 생활에 간과할 수 없는 악영향을 미치게 된다.

이렇듯 여러 부작용이 있다 보니 오버 투어리즘에 대항하는 관광지가 나타나는 것은 당연한 결과다. 유럽 여러 곳에서 관광객에게 일부러 불친절하게 대하거나 불편하게 만드는 움직임이 나타나고 있다. 바르셀로나 주민들은 관광객에게 적대감을 표시하기 일쑤고 관공서는 앞장서서 에어비앤비 운영을 단속한다. 베니스는 당일치기 관광객이 너무 많이 몰려서 관광객 전용 루트를 개발했다. 크로아티아의 두브로브니크(Dubrovnik)는 크루즈 관광선을 타고 들어올 수 있는 관광객 수를 제한하고 있다. 태국 정부는 피피섬(Phi Phi Island)의 마야 해변(Maya Beach)을 4개월간 폐쇄해 바다 생물들에게 회복의 기간을 주었다. 관광객의 방문을 의도적으로 막기 위해 디마케팅(demarketing) 전략을 구사하는 곳도 있다. 스페인 마요르카 섬(Majorca's authorities)은 여름의 피크 시즌에 관광객이 너무 몰리는 것을 막기 위해 '겨울철 방문지'라는 리브랜딩을 실시해서 관광객을 분산시키는 캠페인을 실시했다. 관광지 주민에게는 살아서 좋고, 관광객에게는 방문해서 좋은 '질 좋은 관광 산업'을 만들기 위해 오버 투어리즘에 어떻게 대응할 것인가는 향후 관광의 바람직한 모습을 생각하는 차원에서 매우 중요한 질문을 던진다.

소박함에 주목한다, 마이크로 투어리즘

코로나로 인해 여행에 대한 욕구는 점점 더 강해지고 있다. 이와 관련, 코로나로 해외여행이 어려워지자 국내 여행지로 눈길을 돌리는 사람들이 많다. 하지만 국내 여행도 장거리 여행은 아무래도 불안하게 마련이다. 이에 따라 집에서 한 시간 이내 거리에 있는 곳을 찾아가는 근거리 여행이 주목받고 있다. 자신이 잘 아는 친근한 곳을 찾아가 그곳에서 몰랐던 새로운 가치를 발견하는 여행이 새로운 트렌드로 떠오르고 있는 것이다.

이처럼 한적한 시골이나 집 옆 산에 오르는 소박한 여행, 즉 '마이크로 투어리즘(Micro Tourism)'이 인기몰이를 하고 있다. 유명 관광지나 지역 축제 대신 사람이 많이 몰리지 않거나 숨겨진 여행지를 선호하는 시각이다. 혼자만의 한적한 시간을 갖는 '나홀로 관광'을 즐기는 사람도 늘었다. 지방의 특색 있는 음식, 전통문화, 자연 등을 서두르지 않고 음미하면서 즐기는, 질을 추구하는 여행이 인기다.

여행을 즐기는 새로운 방식으로 부각되던 마이크로 투어리즘은 코로나로 인해 그 의미가 더욱 강조되면서 빠르게 확산화되고 있다. 많은 사람들이 여행에 대한 욕구를 억누르기만 하는 가운데 그 대안으로 집 근처에서 소박한 여행을 즐김으로써 삶의 활력을 찾을 방법으로 떠오르고 있는 것이다. 이 같은 움직임은 또한 지금까지 그다지 주목받지 못했던 지방의 조그마한 식당이나 숙박 시설에 대한 수요가 높아지는 등 지역 활성화 수단으로도 역할할 것으로 기대된다.

마이크로 투어리즘의 특징은 3가지로 요약된다. 첫째, 장거리 여행이 아닌 지역 내 관광을 함으로써 이동을 억제해 코로나 감염 리스크를 줄일 수 있다. 둘째, 아직 알려지지 않은 지역의 매력을 발견할 수 있다. 인기 관광지가 아닌 알려지지 않은 지역 내 조그마한 마을들도 전통문화, 특산물, 요리 등 독자적인 매력을 가지고 있게 마련이다. 이런 매력을 발굴하면 지금까지 관광지로 주목 받지 못했던 지역에도 새로운 비즈니스 기회가 생길 수 있다. 마지막으로, 지역 주민의 네트워크가 강화된다. 지역 주민들이 협조하면서 지역 경제 활동에 공헌할 수 있다. 관광 사업은 여행 회사, 숙박 시설, 음식점, 교통 기관을 시작으로 생산자, 지역의 장인 등 다양한 사람들이 연결되는 매우 복합적인 산업 분야다. 서로간의 연결을 강화함으로써 각자 자신의 위치에서 주체적으로 지역의 과제를 해결할 수 있고, 그 과정에서 마이크로 투어리즘은 더욱 활성화될 것으로 기대된다.

마이크로 투어리즘은 여행의 본질 혹은 즐거움은 해외, 혹은 국내 등 장소에 달려 있는 문제가 아니라 호흡하고 보고 느낄 수 있는 모든 공간에서 느낄 수 있는 것이라고 본다. 그런 의미에서 자전거를 타고 동네를 돌아보고, 지역에서 나는 신선한 재료로 만든 요리를 먹는 체험은 지역의 가치를 재발견할 수 있는 좋은 기회가 될 것이다.

마이크로 투어리즘은 가까운 거리에 살고 있는 지역 고객을 타깃으로 근거리 여행의 새로운 패러다임을 제시한다. 이를 위해 지역의 다양한 시설에서 전통문화, 자연 경관, 제철 식재료를 활용한 요리 등 지역 고유의 매력을 만끽할 수 있는 서비스를 제공하는 데 공을 들이고 있다. 지역 주민과 같이 즐기는 체험 프로그램도 활발히 진행하고 있다. 코펜하겐과 센도사에서 선언한 관광의 종언과 일맥상통하는 움직임이다.

앞으로의 여행은 국내 여행, 해외여행에 상관없이 작은 것에서 가치를 찾는 명품 여행이 되어야 한다. 가성비를 높이는 데 주력하는 여행의 시대는 끝났다. 마음을 울리는 '가심비'를 높이는 프리미엄 여행으로 바꾸어야 한다. 새로운 개념의 '업 트레블링(Up Travelling)'은 '내가 여행한 곳을 여행하기 전보다 더 나은 곳으로 만들고 오는 여행'이라고 요약할 수 있다.

포스트 코로나, 여행의 새 가치를 제시한다

역사를 돌아볼 때 위기는 10년에 한 번꼴로 찾아왔다. 그런데 위기는 시각을 달리하면 절호의 기회가 되기도 한다. 코로나로 인해 찾아볼 수 없게 된 외국인 관광객은 2023년까지 상당 부분 회복될 것으로 예상된다. 하지만 코로나가 수습되더라도 모든 상황은 예전과 달라질 것이다. 이와 관련 코로나 이후 여행의 미래를 조심스럽게 예측하면서 새로운 비즈니스를 구상한 호시노 리조트(星野リゾート)는 살

퍼볼 만한 가치가 있다.

호시노 리조트는 새로운 여행의 가치를 창출할 독특한 방법을 마련한 뒤 이에 확신을 갖고 계속 투자하고 있다. 위기를 기회를 만들기 위해 지속적으로 노력을 기울이고 있는 것이다. 호시노 리조트는 코로나 이후 관광객이 늘어날 것에 대비해 선제적인 조치에 나섰다. 여행의 새로운 패러다임을 제시하면서 되살아날 여행 수요에 대비하고 있는 것이다.

일본 관광 산업을 대표하는 기업인 호시노 리조트 대표 호시노 요시하루[星野佳路]는 코로나가 전 세계로 확산되는 가운데 마이크로 투어리즘이야말로 뉴노멀 시대의 새로운 여행 형태가 될 것으로 보고, 관광객들이 이런 새로운 여행 형태에서 가치를 찾을 수 있도록 돕는 상품을 선보여야 한다고 역설했다. 호시노 리조트 홈페이지에서는 마이크로 투어리즘을 다음과 같이 설명한다.

알 것 같으면서 알지 못하는 지역의 매력

가까이 있지만 아직 경험해본 적 없는 가슴을 뛰게 하는 체험이나 알려지지 않은 특산품, 명품, 전통 공예, 아직 본 적 없는 경치, 접해보지 못한 문화, 먹어보지 못한 요리……. 집에서 한두 시간이면 갈 수 있는 작은 여행, '마이크로 투어리즘'으로 지역을 재발견해보세요.

호시노 리조트는 일본 전국에서 40개 이상의 대형 숙박시설을 운영하고 있는 관광 업계의 리더다. 코로나 인해 2020년 4월부터 잠시 고전했으나 예상을 뛰어넘는 속도로 회복하면서 2020년 8월에는 흑자 전환했다. 그 배경에는 호시노 사장이 제창한 마이크로 투어리즘의 철학이 숨어 있다.

한편, 호시노 리조트는 일본에서 터득한 호텔 운영 노하우를 외국에 진출하는 데 활용할 예정이다. 특히 거대한 북미 시장에서 일본 고유의 온천이 딸린 료칸을 선보일 계획이다. 1980년대 버블이 한창일 때 일본 기업들은 미국에서 많은 호텔을 사들이며 해외 진출을 도모했지만 대부분 실패했다. 서양식 호텔을 그대로 모방했기 때문이었다. 호시노 리조트는 과거의 실패를 반면교사로 삼아 호시노 리조트만이 제공할 수 있는 가치를 지향하고 있다. 시대의 변화를 읽고 한 걸음 먼저 나아가 새로운 가치를 만들어내고 있는 호시노 리조트의 방식은 마케터에게 많은 시사점을 제시한다.

질 높은 여행, 경험 가치에 주목하라

앞으로는 관광객의 수를 따지는 양적 성장보다는 여행객 한 사람 한 사람을 만족시켜 더 오랜 기간 머물면서 여행지를 즐길 수 있게 하는 질적 성장이 더욱 중요해질 것이다. 이에 부응하기 위해서는 가치를 제공하는 여행 서비스를 선보여야 한다. 질적 성장을 위해서는 일시적 방문에 의한 소비 중심의 관광이 아니라 지역의 매력을 재발견, 재인식함으로써 지역에 대한 자부심과 애착을 키울 기회를 만드는 것이 중요하다. 관광객에게 지역 고유의 문화나 매력을 부각시켜 오랜 기간 머물도록 동기를 부여해야 한다. 관광지의 경험 가치를 높이려는 노력이 필요하다. 관광은 여행을 떠난 지역의 여러 가지 콘텐츠에 대한 경험을 가치화하는 프로세스다. 사람들은 관광지가 가지고 있는 색다른 맛, 그 지역에서 살고 있는 사람들의 삶, 거기서 발견되는 지혜나 기술 등을 접하면서 감동하고, 그 과정에서 경험하는 작은 에피소드들을 오래 기억하는 법이다. 이러한 기회를 더욱 많이 창출하는 것이 코로나 이후 관광지 활성화의 중요한 포인트가 될 것이다.

사람들이 많이 모이는 유명한 관광지보다는 그다지 알려지지 않은, 자연과 더 친밀하게 보낼 수 있는 장소에서 가족이나 친한 친구들끼리 소규모 여행을 즐기는 사람이 늘어나고 있다. 또한 단체가 아닌 소집단 또는 개인 여행, 여행사를 통하지 않고 숙소나 항공권을 예약하는 것, 아웃도어에 대한 관심이 더욱 커지고 있다. 코로나로 인해 여행에 관한 소비자의 행동은 양보다 질을 추구하는 방향으로 진화를 거듭하고 있다. 소비자는 지금까지 없었던 새로운 경험을 추구한다. 여행의 가치를 새롭게 평가하는 소비자들은 한 번 여행하더라도 질 높은 특별한 경험을 하는데 돈을 아끼지 않는다. 여행 상품의 내실화와 고급화를 통해 질 높은 경험을 제공하는 추세는 앞으로도 계속될 것이다. 앞으로 관광업계가 나아가야 할 방향이다.

새로운 요식 문화를 창조하라

음식은 인류의 중요한 활동이고,

문화의 가장 의미 있는 트레이드마크다.

마크 쿨란스키(Mark Kurlansky), 미국의 언론인

코로나로 인해 외부에서 활동하는 시간보다 집에서 생활하는 시간이 많아졌다. 포스트 코로나 시대에도 집 안에서 다양한 경제 활동이 이루어지는 '홈코노미'(Home+Economy)'와 집에만 콕 박혀 생활하는 '방콕족' 등이 늘어날 것으로 전망되는 가운데 건강 관리에 주의보가 켜졌다.

이와 관련, 식생활과 연관된 소비 행동도 많은 변화가 있었다. 우리는 이를 통해 앞으로 식품 소비 방식이 어떻게 변화할지에 대한 단

서를 얻을 수 있다. 외식을 하기보다는 집에서 식사하는 가정이 늘고, 건강에 대한 관심이 커지면서 이전에 비해 건강식을 지향하는 경향이 강하게 나타나고 있다. 건강한 체력을 유지하기 위해 건강식이나 야채 등을 충분히 섭취하려는 니즈가 커지고 있는 것이다. 또한 재택근무가 활성화되면서 남편이나 자녀들이 요리할 기회가 많아졌다. 어려움에 처한 생산자들을 돕기 위해 생산자에게서 직접 식자재를 구매하는 사례도 늘었다. 이러한 소비 패턴의 변화는 일시적으로 생산자를 응원하기 위한 소비이면서도 그와 동시에 조금은 사치스러운 소비 패턴으로의 방향 전환이라고 할 수 있다. 음식에 있어서 건강과 사치를 지향하는 소비 트렌드는 코로나 이후에도 지속될 것으로 보인다.

오픈 에어 카페, 식당이 거리로 나온다

레스토랑에서 식사를 즐기는 방식도 변하고 있다. 한 나라에 국한된 현상이 아니고 전 세계에서 공통적으로 나타나는 현상이다. 1991년 구소련에서 독립한 발트3국 중 하나인 리투아니아라는 나라가 있다. 코로나의 확산으로 모든 식당이 일시적으로 문을 닫았다가 테이블 간격을 2미터 이상 떼어놓는 조건으로 식당의 문을 열 수 있게 허용했다. 그런데 역사적으로 오래된 도시인 수도 빌뉴스(Vilnius)는 공간이 좁은 식당이 대부분이어서 이러한 조건을 충족시키는 곳이 거의 없었다. 그래서 나온 비책이 오픈 에어 카페다. 시가 공공 공간을 무료로 개방한 것이다. 옥외 공공 공간에 식당이나 카페의 테이블과 의자를 설치해 마음껏 활용하도록 했다.

구시가지 중심의 대성당 광장 주변에서 와인잔을 기울이며 친구나 연인끼리 식사를 즐기는 모습을 쉽게 볼 수 있다. 도시 공간을 유연하게 활용해서 안심하고 식사할 수 있는 환경을 제공해 경제 회복의 기회로 삼은 것이다. 코로나가 아니었으면 공공 공간을 영업 공간으로 활용하자는 아이디어는 나오지 않았을 것이다. 코로나로 맛보게

• • • 리투아니아의 수도 빌뉴스의 오픈 에어 카페.
출처 : 셔터스톡

된 새로운 경험이다.

오픈 에어 아이디어는 음식점을 넘어서 예술계에도 전파되었다. 빌뉴스는 시내에 산재한 옥외 광고 스탠드를 활용해 지역 예술가들의 미술 작품 100점이 포함된 옥외 전시회를 개최했다. 마음에 드는 작품이 있으면 작가에게 직접 연락해서 구입할 수 있다. 코로나의 여파로 화랑이 폐쇄되고 전시회가 줄지어 취소되는 상황에서 활동의 장을 상실한 예술가에게 큰 힘이 되고 있다.

일본 도쿄에서도 비슷한 모습을 볼 수 있다. 도로에 배치된 테이블에서 식사를 즐기는 풍경, 보도를 활용한 테라스 등 코로나의 영향으로 프랑스 파리나 이탈리아 피렌체에서나 볼 법한 풍경을 도쿄 도심에서도 어렵지 않게 볼 수 있게 되었다. 관공서에서 코로나로 타격을 입은 음식점 등을 지원하기 위해 도로 사용 허가 기준을 완화한 것이다. 도로 사용료를 면제해주는 조치도 취하고 있다.

코로나 이후 미국 뉴욕의 분위기는 심각한 상황이다. 식당 내부에서 영업하는 것이 기본적으로 금지된 상황에서 영업할 수 있는 방법은 테라스를 이용하는 것 이외에는 없다. 이와 관련, 차량 통행 금지 등의 조치를 취하면서 테라스 영업을 허가한 결과가 의외로 호평을 받아 대상 지역을 확대하고 있다. 그러나 도로의 용도를 확대하는 것은 결코 간단히 결정할 수 있는 일이 아니다. 손님들이 도로를 점령하는 상황이 빚어지기 때문에 자동차나 자전거가 지나가는데 방해가

되고 차도를 봉쇄라도 하면 새로운 정체가 생길 수도 있다. 하지만 코로나라는 특수한 상황에서 음식점의 생존과 거리의 활성화를 도모할 수 있는 방안이기에 긍정적인 검토가 필요하다. 거리와 조화된 새로운 음식 문화의 탄생도 기대할 만하다.

열린 공간을 활용하는 트렌드는 음식점에만 한정되어 있지 않다. 호텔에서도 정원을 활용한 가든 테라스 레스토랑, 비어 가든 같은 기획이 코로나로 인한 새로운 서비스로 각광 받고 있다. 열린 공간에서 식사를 즐기며 안전, 안심을 확보할 수 있다는 데 주목한 것이다. 리조트 내 호텔에서는 뷔페식 조식의 대안으로 자연과 함께하는 조식 피크닉이 인기를 끌고 있다. 녹지에 둘러싸인 숲속 벤치나 야외 소파에서 느긋하게 식사할 수 있는 아침 피크닉은 좁은 공간에서 사람과 접촉하는 것을 피하면서 최고의 시간을 즐길 수 있게 해준다. 야외에서의 느긋한 시간은 코로나가 가져다준 리조트 호텔의 새로운 아침 식사의 풍경이다.

출장 요리 서비스, 오늘은 우리 집이 파인 다이닝

포스트 코로나 시대 식탁의 키워드는 가성비와 안전일 것이다. 경제난으로 인해 소득이 대폭 줄어들면서 소비에서 가성비를 추구할 수밖에 없다. 하지만 지금까지 가끔 즐겨왔던 외식에 대한 욕망을 막을 순 없다. 맛있는 요리를 먹고 싶어 하는 것은 인간 본연의 욕구다. 하지만 코로나로 인해 외식하는 것이 왠지 꺼려진다.

이런 이유로 집에서 요리를 즐기고 싶어 하는 소비자가 늘어나고 있다. 요리사라고 해서 꼭 식당에서 근무하라는 법은 없다. 우리 집을 레스토랑으로 만들면 된다. 출장 요리사가 가정을 방문해 직접 고급 요리를 만들어주는 서비스가 각광받고 있다. 안전한 집에 앉아 차분한 분위기 속에서 요리사가 직접 만들어주는 고급요리를 즐기는 것이다. 이러한 트렌드가 일반화되면 소비자의 음식 소비 문화 역시 한 단계 발전할 것이다.

집에서 고급요리 풀코스를 즐길 수 있는 배달 서비스도 증가하고 있다. 지금까지의 배달 음식과는 수준이 다르다. 고급 레스토랑에서 요리를 주문해 편안한 집에서 즐기는 것이다. 다만, 주문 후 배달되기까지 며칠을 기다려야 한다. 기다리는 동안의 기대감이 더해져 일상적으로 맛보는 요리와는 사뭇 다른 매력이 있다.

음식 문화에서 향상된 질 높은 경험을 즐길 수 있는 이 같은 서비스는 코로나 이후에도 계속될 것으로 보인다. 요리 배달 비즈니스는 외식 산업의 모습을 변화시키고 있다. 주방만 갖췄다면 어느 곳이든 다양한 요리를 조리해서 배달만 전문으로 하는 새로운 서비스를 시도할 수 있다. 외식에서 택배(배달)로의 전환, 새로운 가치를 창출하는 비즈니스 환경을 외식 산업 전역에 넓혀갈 필요가 있다.

양보다 질, 감동을 주는 소비에 주목하라

코로나로 인해 라이프 스타일에서도 급격한 변화가 일어나고 있다. 특히 음식 산업 분야에서 커다란 변화가 일어나고 있다. 이제는 '그 가게는 가격이 저렴하니까 가보자'는 식의 동기 부여는 이뤄지지 않는다. 그 대신에 '오늘은 특별한 날이니 외식하자' '특별한 기념일이니 특별한 요리로 특별한 경험을 해보자' 등 특별한 상황에서의 수요가 늘어나고 있다. 음식뿐만 아니라 여행, 레저, 사치품 구입 등이 특별한 이벤트에 맞춰서 이뤄지고, 양보다는 질을 추구하는 소비로 변환될 것이다. 각각의 소비에 더욱 신중해지면서 소비할 때는 조금 사치스럽더라도 제대로 된 소비를 하자는 인식이 퍼지고 있다.

앞으로 라이프 스타일이 어떻게 변화할 것인가를 예측하는 데 있어 이러한 측면에 맞는 서비스를 제대로 제공하는 것이 필요하다. 향후의 외식 산업의 나아가야 할 방향이다. 시장의 트렌드와 소비자의 니즈를 잘 읽어서 부가가치가 높은 상품 서비스를 개발하는 것이 필요하다. 이로써 포스트 코로나 시대에 새로운 시장을 창출할 수 있을 것이다.

새 시대의 마케팅, 삶의 질을 높여라

놀랄 만한 삶의 질을 만들어내기 위해서는

달성 가능하면서 지속가능한 비전을 창출해야 한다.

앤서니 로빈스(Anthony Robbins), 미국 작가

1980년 미래학자 앨빈 토플러(Alvin Toffler)는 그의 저서 《제3의 물결》에서 정보화 사회를 예측했다. 토플러는 한국에도 여러 번 방문했는데, 2005년 방한 기자간담회에서 한국이 앞으로 먹고살 길을 무엇으로 보느냐는 질문에 제품 이외의 서비스와 지식 수출을 생각해봐야 한다면서 영화를 많이 수출하라는 조언을 했다. 이런 조언 덕분이었을까. 한국은 15년 뒤인 2019년 〈기생충〉이라는 영화로 아카데미상 수상이라는 큰 성과를 거두면서 하드웨어가 아닌 소프트 파워로 세

계를 놀라게 했다.

토플러는 제1의 물결인 농업혁명, 제2의 물결인 산업혁명에 이은 제3의 물결로 정보 혁명을 예측했다. 또한 재택근무라는 개념을 처음 제시한 사람이기도 하다. 회사에 출근하는 것 대신 재택근무하기 위해 필요한 고성능 통신 장비, 컴퓨터 조작을 위한 테이블, 화상회의 설비를 갖춘 일렉트로닉스 주택이 미래에 일하는 장소가 될 것이라고 예측했다. 그런 예측을 내놓은 지 40여 년이 지난 지금, 그의 예언은 현실이 되어가고 있다.

'나'를 위한 가치에 몰두한다

코로나로 인해 재택근무가 일반화되면서 가족들이 집에서 함께 보내는 시간이 많아졌다. 혼자서 소중한 시간을 보내는 경우도 많아졌다. 건강한 삶을 추구하고 자연을 좋아하는 사람은 도시를 떠나 지방에서도 얼마든지 일할 수 있게 되었다. 아름다운 자연 환경, 저렴한 생활비 등 지방의 매력이 강조되면서 도시 중심의 흐름이 변화되는 조짐도 보이고 있다.

근무 환경의 유연성이 커지고 있다. 포스트 코로나 시대에도 일하는 방식을 자유롭게 결정할 수 있는, 사람 중심의 일하는 방식이 정착될 것으로 보인다. 지금까지는 매력적인 전원 풍경을 즐기면서 살려면 그만큼 직업의 선택폭이 좁아질 수밖에 없었다. 하지만 이제 사정이 달라졌다. 한곳에 계속 살 필요도 없어졌다. 바다가 보이는 거리, 산림욕을 즐길 수 있는 마을 등 마음 가는 대로 사는 곳을 쉽게 바꿀 수 있다.

또한 시차 근무를 적극적으로 시행하는 기업이 늘어나고 있다. 시차 출근, 시차 휴가 등등 시차를 활용하면 좀 더 여유로운 삶이 가능하다. 모두 모여서 같이하는 것보다는 나만의 시간을 가지고 나에게 맞는 프로그램과 콘텐츠로 좀 더 만족스럽고 의미 있는 질 높은 시간을 보낼 수 있다. 코로나로 만들어진 새로운 긍정적인 측면이다. 비록 해외여행 같은 고가 소비는 축소되었지만 질 높은 가구 또는 일용품 소비를 추구하는 등 소비 행동은 양보다 질을 추구하는 방향으로 변하고 있다. 다소 가격이 비싸더라도 제대로 된 제품, 의미 있는 제품, 오랜 기간 가치가 유지되는 제품 등을 구매해 질 높은 삶을 추구하는 경향이 나타나고 있다.

아웃도어 회사 파타고니아는 파도가 보이는 곳에만 사무실을 둔다고 한다. 사원들은 일하다가도 잠깐 바다로 나가서 서핑을 즐기고 돌아온다. '파도가 칠 때는 서핑을'이라는 이름의 근무시간 자유 선택 정책을 취하고 있는데, 서핑을 좋아하는 사람들은 예를 들면 '다음 주 화요일 2시에 서핑을 하러 간다' 같은 사전 계획을 하지 않고도 파도와 조수와 바람이 완벽하면 언제든지 서핑을 즐길 수 있다. 유연한 근무 제도를 실시하고 있는 것이다. 이러한 근무 환경은 파타고니아만 가능한 것이 아니다. 바다건 산이건 강이건 자기가 좋아하는 장소, 좋은 환경에서 일하고 생활하는 것이 쉬운 환경이 갖춰지고 있다.

사람간의 관계에도 변화가 보인다. 사람들은 지금까지 바쁘게 살아오면서 사랑하는 사람과 보내는 시간을 즐기지 못했던 게 사실이다. 그러나 코로나로 인해 사람과의 관계를 긍정적으로 지속시키는 것의 중요성이 부각되고 있다. 일과 가정의 조화를 꾀하다 보면 삶의 만족도를 조금 더 높일 수 있을 것이다. 이런 가치관하에서는 생활 자체가 천천히 진행된다. 코로나로 인해 실제 만남보다는 버추얼한 만남이 늘고 있지만 사랑하는 가족, 친구, 친척, 주변 사람들과 만나 그들과의 관계를 되돌아보는 기회를 갖게 된 것도 사실이다. 진정한 인간관계를 생각해볼 때가 된 것이다.

집, 거주가 아닌 진정한 휴식의 공간이 되다

여유 있는 주거 환경에 대한 새로운 수요도 엿보인다. 단지 기존 주택을 리모델링하는 것이 아니라 새로운 주택 공간에 대한 관심이 커지고 있다. 도시 중심가에 마땅한 공간이 없으면 장소를 교외로 옮기는 것도 고려해볼 만하다. 자연과 접할 수 있는 지방은 삼밀(밀집, 밀접, 밀폐)을 막아 코로나 감염 대책도 될 수 있다. 지금까지는 모두가 같이 모여 하나된 열기 속에서 활력의 원천을 발견하는 집합의 잠재력에 의존해왔다. 하지만 항상 모든 게 똑같으면 질리게 마련이다. 직장인은 아침 일찍 출근해서 일을 마치고 저녁 늦게 귀가한다. 집은 단지 잠자기 위해 돌아오는 곳이라는 여유 없는 생활이 오랫동안 이어져왔다. 늦춤과 당김, 느슨함과 팽팽함의 균형 있는 반복이 필요하다. 이렇게 하면 생산성도 증대된다. 정보의 디지털화가 진행되면서 생활의 본거지로서 주거가 제대로 평가 받고 있다. 의식주 중에서 가장 뒷전에 물러나 있었던 '주'라는 존재가 풍요로운 삶이라는 목표를 전제로 재평가되면서 다양한 신규 수요가 생겨나고 있다.

도시화, 인간의 삶에 집중한다

필리핀에 사는 A씨는 하루 중 가장 스트레스를 느끼는 시간으로 통근 시간과 귀가 시간을 꼽는다. 마닐라에서 회사까지 편도로 7킬로미터 정도 되는데, 이동하는 데만 한 시간 반에서 두 시간 정도 소요된다. 특히 여름이면 아침 러시아워 때 지프니(jeepney)라고 불리는 소형 버스는 찜통 더위로 숨이 막힐 지경이다. 마닐라는 세계에서 교통 체증이 가장 심각한 곳으로 알려져 있다. 수도권 통근자는 하루 평균 66분이나 교통 체증에 시달려야 한다. 이러한 상황이 코로나의 영향으로 변하고 있다. 단순히 임시 조치를 취하는 것이 아니라 근본적으로 도시를 정비하려는 움직임이 일어나고 있는 것이다.

필리핀 정부는 만성적인 교통 체증 문제를 해결하기 위해 기존 공공 교통 시스템을 근본적으로 개혁하는 데 나섰다. 코로나가 세계 각국 경제와 사람의 생활에 부정적인 영향을 미치고 있지만 교통 체증, 대기 오염, 빈부 격차 문제 등 아시아 각국을 골치 아프게 했던 도시화에 따른 사회문제를 해결하기 위해 '코로나 대책'을 적극적으로 활용하려는 긍정적인 움직임이 일어나고 있는 것도 사실이다.

싱가포르는 원래 자전거를 이용하는 사람들이 많았지만 코로나로 인해 그 수가 더욱 많아지고 있다. 다른 나라들도 마찬가지다. 이에 아시아 각국에선 자전거 전용 도로 정비의 필요성이 제기되고 있다. 자전거 도로가 제대로 갖춰지면 자전거가 위험하게 자동차 도로 옆을 달릴 필요가 없다. 자전거를 이용하면 이동 중 스트레스를 풀 수 있고, 교통 체증 또한 해결할 수 있다. 배기가스도 줄어들어 환경에 좋은 영향을 미친다. 삶의 질 또한 높아진다.

인도에서는 코로나 대책으로 빈곤층에 초점을 맞추고 있다. 특히 주택 문제 해결이 시급하게 요구되고 있다. 주택이 과밀한 슬럼가에서 살면 물, 위생설비, 의료 서비스 등을 필요한 만큼 이용할 수 없다. 이러한 문제를 해결하기 위한 최근 들어 주택 개발 정책의 시급함이 부각되고 있다.

코로나를 계기로 옥외 녹지 등 자연에 새로운 가치를 부여하는 사람이 늘어나고 있다. 쇼핑몰에서 시간을 보내던 사람들이 녹지, 삼림 등 자연을 벗 삼아 보내는 시간을 즐기고 있다. 식료품의 안전한 조달에 대한 우려 때문에 도시 내에서의 농업도 유망한 사업으로 손꼽힌다. 시가지나 주변에서 수확한 신선한 농산물을 공급하거나 재해에 대비해 비축할 수도 있다. 이처럼 도시에 사는 인간의 삶을 개선하면서 질을 추구하는 도시화 전략이 정책 결정자의 우선순위로 주목받고 있다.

우리에게는 더 좋은 내일을 만들 기회가 있다

코로나를 계기로 삶의 질에 대한 근본적인 문제에 주목하는 움직임과 변화가 삶의 여러 측면에서, 그리고 세계 각지에서 일어나고 있다. 안전한 생활이 보장되는 사회의 중요성이 강조되고 있다. 기후 변화에의 대응도 요구된다. 2025년쯤 구현되리라 생각했던 삶의 모습이 코로나로 인해 2020년으로 당겨진 느낌이다. 이에 적응하기 위해서는 5년을 당겨서 준비해야 한다. 격차를 뛰어넘는 지혜가 필요하고, 끊임없는 공부가 필요하다. 인간의 존엄성, 생업을 지키는 지혜가 필요하다.

미래는 우리가 어떻게 대처하느냐에 따라 달라질 것이다. 지금 이 시기가 힘든 시기인지, 아니면 좋은 기회인지는 시간이 지나면 판명될 것이다. 코로나는 우리의 삶에 매우 커다란 변화를 주었다. 지금은 불투명하고 어려운 환경에 처해 있더라도 우리에게는 더 좋은 내일을 만들 기회가 있다. 이스라엘의 미래학자 유발 하라리(Yuval Noah Harari)는 다음과 같이 말했다. "우리가 어떻게 하느냐에 달려 있다. 코로나 팬데믹이 어떻게 끝날지는 우리가 결정한다(It's up to us. We choose how this pandemic will end)."

질 높은 생활이란 무엇인가? 꿈이 존재하는 미래는 어떠한 모습인가? 가족과의 시간이 증가하면서 워라밸을 다시 생각해보게 되었다. 마이클 샌델(Michael Sandel) 하버드대 교수가 코로나 시대에 있어서 필수 인력 노동자(essential worker)의 중요성을 강조했듯, 능력주의 사회를 지향하기보다는 일상에서 일하는 평범한 대중이 잘살 수 있는 공평한 사회, 평범한 사람들의 삶의 질이 높아지는 사회가 되어야 한다. 의식의 변화가 필요한 시기다.

DX2.0

Digital Transformation Marketing

8장

고객 마케팅,
새 지평을 열다

인간적인 연결을 확보하라

기술을 사용해 프로세스를 자동화하는 대신,

기술을 사용해 사람간 상호 작용을 향상시키는 방법을 생각하라.

토니 잠비토(Tony Zambito) , 바이어 페르소나 콘셉트 창안자

앞으로의 마케팅에선 브랜드 옹호자를 확보해서 장기적인 관계를 구축하는 것이 더욱 중요해질 것이다. 이것이 바로 새로운 시대의 고객 마케팅이다. 새로운 시대의 고객 마케팅을 전개하기 위해서는 새로운 고객을 확보하기 위해 마케팅 노력을 집중하는 거래 중심 접근법(Transaction Based Approach)에서 고객과의 장기적인 관계를 구축하는 관계 중심의 모델(Relationship Base Model)로의 전환이 시급하다. 단발성 거래가 아닌 고객과의 지속적인 관계 유지가 중요하다. 한번 고

객을 평생고객으로 만들어야 한다. 기존 고객이 기업의 손익에 중대한 영향을 미치는 것은 데이터로도 검증된 바 있다. 새로운 고객을 확보하는 데는 기존 고객을 유지하는 것보다 5배 이상 비용이 든다. 기존 고객에 더욱 집중함으로써 마케팅 비용을 절감할 수 있다. 고객 보유율을 5% 높이면 이익은 25~95% 증가한다. 아무리 적은 비율이라 할지라도 고객 보유율이 높아지면 기업이 성장하는 데 큰 영향을 미칠 수밖에 없다. 새로운 고객에게 제품을 판매하는 데 성공할 확률은 5~25% 정도다. 하지만 기존 고객에게 상품을 팔 가능성은 50~70%에 이른다. 기존 고객에게는 쉽게, 그리고 적은 비용으로 크로스 셀 (Cross-sell)과 업 셀(Up-sell)이 가능하다.

고객 마케팅, 인간적 관계를 형성하라

고객 마케팅(Customer Marketing)은 고객과의 커뮤니케이션, 지속적인 관계 유지를 위해 고안됐다. 제품과 장기간에 걸쳐 관계를 형성함으로써 고객은 최대 가치를 얻을 수 있다. 고객 마케팅은 SaaS(Software as a Service)에서 유래했다. 개인이나 기업이 컴퓨팅 소프트웨어를 필요한 만큼 가져다쓸 수 있게 인터넷으로 제공하는 사업이다. 당시 여러 회사가 고객들이 수시로 제품을 바꾸는 고객 이탈 현상으로 고심했는데, SaaS를 도입한 후 고객 보유율이 급격하게 향상됐다. 당연히 수익과 이익도 크게 증가했다. 고객 마케팅은 한 번의 단발적인 활동이 아니다. 고객 여정(Customer journey) 전 과정을 밟아야 한다. 특히 구매 전보다 구매 이후 과정이 더 중요하다.

구매 이후 과정(post purchase process)은 수용-(adoption), 보유(retention), 확장(expansion), 옹호(advocacy)로 구성된다. 수용 단계는 고객이 구매한 제품을 받아들이는 단계다. 이 단계에서 기업은 판매한 제품을 고객이 일상생활에서 정기적으로 사용하도록 해야 한다. 보유 단계에서는 한번 고객이 된 뒤 이탈하지 않도록 해야 한다. 이를 위해 제품을 개선하고 기존 고객이 만족하도록 심혈을 기울여서 관리해야 한다. 다음은 확장 단계다. 일반적으로 고객은 3년째 되는 해에 첫 해에 비해 67% 더 많은 금액을 지불한다. 이 단계에서는 고객의 평생가치(lifetime value)를 확장하는 노력이 필요하다. 고객의 경험 수위를 높이면서 만족도를 높이기 위해 제품을 개선하고 보완 제품이나 서비스를 개발해야 한다. 수용, 보유, 확장 3가지 단계를 거치면 마지막 옹호 단계에 도달한다. 이 단계에선 마케팅 커뮤니케이션이 중요한 역할을 한다. 전통적인 광고보다는 개별화된 메시지를 보낼 수 있는 디지털 광고가 유용하게 활용된다. 하지만 디지털 광고비는 계속 상승하고 광고를 보지도 않고 차단하는 소비자도 늘어나고 있다. 이 단계에서는 기존 고객과의 커뮤니케이션도 중요하지만 신규 고객을 확보하기 위한 다양한 아이디어가 필요하다.

고객 마케팅은 가장 신뢰할 수 있고, 가장 효율적인 마케팅이다. 고객들과 장기적으로 관계를 형성함으로써 계속 고객을 유지할 수 있고 평생 가치를 높일 수 있다. 고객 마케팅에 성공하면 고객들은 평생 당신 제품의 팬이 될 것이다. 한번 고객을 확보하면 계속 남아서 장기적 고객이 될 수 있도록 관계를 유지하라. 고객에게 좀 더 좋은 서비스를 제공하는 열쇠는 변화하는 환경에 빨리 적응하는 것이다. 기술의 변화를 비즈니스에 적용하면서 고객과 더 깊은 인간적인 관계를 유지하라. 기술을 프로세스 개선에만 적용하지 말고 고객과의 인간관계를 심화하는 데 활용하라. 고객의 개별적인 니즈를 해결해줄 수 있는 서비스를 제공해서 신뢰와 충성도를 높이는 것이 관건이다.

고객 관리, 역시 인간적인 연결이 답이다

기업의 서비스와 고객의 대응이 온라인으로 전환되면서 서비스 수준도 높아지고 있다. 실제 점포에서 서비스나 제품을 구매하다가 전자상거래로 전환되는 것에 저항했던 많은 소비자가 온라인으로 이동하고 있다. 기업들도 고객의 변화에 적극 대응하면서 온라인 몰의 내용을 충실하게 보완하고 있다. 하지만 고객과의 관계에서 가장 중요한 것은 인간적인 연결(Human Connection)이다.

인간은 인간적인 연결을 갈구한다. 고객이 납득하지 못하는 부분이 있으면 시간을 가지고 고객이 납득할 때까지 설명하는 것이 진정한 인간적인 관계를 구축할 수 있는 고객 서비스다. 성공하는 마케터는 고객 서비스의 중요성을 절감하고 다양한 접점을 통해 고객과 다양한 경험을 구축한다. 특히 코로나 같은 위기 상황에서도 어떻게 하면 좋은 서비스를 제공할 수 있을지 고민한다. 실패하는 마케터는 위기가 끝나면 안도하면서 다시 과거의 관습으로 돌아간다. 현실에 안주하지 않고 지속적으로 노력하는 자세가 필요하다

비즈니스에서 가장 중요하면서도 간과하기 쉬운 것이 고객의 생애 가치다. 고객의 생애 가치란 상품 판매로 인한 이익을 장기적인 관점에서 극대화하는 전략이다. 즉, 고객 한 명이 일생 동안 얼마만큼의 이익을 가져다주는가를 계산하는 것이다. 단발성 거래가 아닌 지속적이고 꾸준한 거래를 유지하는 것이 앞으로의 성공을 약속해주는 마케팅의 열쇠다. 고객 충성도를 높여 상품을 지속적으로 구매하게 해서 고객이 장기적으로 어느 정도 이익을 가져다줄지 수치화하라.

많은 기업이 실시하는 고객 로열티 프로그램의 기본적인 목표는 고객의 평생 가치를 높이는 것이다. 코로나처럼 기업의 마케팅 예산과 수익이 감소하는 상황에서는 로열티 프로그램의 중요성이 더욱 강조된다. 인간적인 연결을 바탕으로 한 감성적 로열티(Emotional Loyalty) 프로그램을 실행하라. 감성적으로 동기 부여된 소비자는 재구

매 의사가 세 배 정도 높다. 제품이나 서비스를 다른 사람에게 소개할 확률도 세 배 이상 높다.

베스트 바이, 휴먼 마케팅으로 차별화하다

미국의 대형 가전 매장 베스트 바이(Best Buy)는 고객 마케팅으로 거대 전자상거래 플랫폼과의 경쟁에서 살아남고 코로나 상황에서도 건재할 수 있었다. 베스트 바이는 미국 시장에서 15% 이상의 시장점유율을 기록하던 대형 가전 매장이었으나, 최근 아마존에 밀려서 시장점유율이 떨어지고 있다. 하지만 고객과의 인간적인 관계와 고객 평생 가치(Customer Lifetime Value, CLV)의 중요성을 인지하고 위기 극복에 나서며 휴먼 마케팅을 적극적으로 실천했다. 아마존에 대항하기 위해 온라인 판매를 강화하고 온라인 몰과 기존 오프라인 매장의 통합을 위한 노력을 꾸준히 시도했다. 그 결과, 온라인 판매가 25%까지 늘어나는 등 아마존에 고객들을 뺏기지 않기 위해 분발한 성과가 나타나고 있다.

베스트 바이의 '괴짜 부대(Geek Squad, 고객 기술 지원 센터)' 서비스는 아마존 같은 온라인 플랫폼은 제공할 수 없는 오프라인 매장만이 가지고 있는 강점이다. 현재 2만 명이나 되는 괴짜 부대 직원이 활동하고 있다. 베스트 바이는 잘 훈련된 종업원과 고객 기술 지원

센터의 협업으로 코로나로 인해 멀어져간 고객들을 다시 불러들이는 데 성공했다.

고객 서비스가 과거와 같이 단순한 판매 보조나 일반적인 서비스에서 머물러선 안 된다. 뭔가 차별화되고 특별해야 한다. 고객을 맞이하고 불만을 접수하고 반품을 처리하고 고객의 요구에 응답하는 고객 서비스는 더 이상 경쟁력을 가질 수 없다. 베스트 바이는 아마존과의 경쟁에서 이기기 위해 베스트 바이만이 할 수 있는 다양한 휴먼 마케팅 전략을 구사했다. 소비자가 구매한 상품을 가정에서 어떻게 설치할지 무료로 상담해주는 홈 컨설팅 어드바이저 프로그램(Advisory program) 등 다양한 방법을 시도하며 고객과의 장기적인 관계를 유지하기 위해 심혈을 기울이고 있다. 이 같은 노력 끝에 소비자가 베스트 바이를 선택하도록 유도하고, 베스트 바이를 더욱 신뢰도 있고 개인적인 브랜드로 정착시키는 데 성공했다. 인간적인 연결을 바탕으로 한 감성적 로열티(Emotional Loyalty) 프로그램의 성과다.

베스트 바이의 휴먼 마케팅에는 새로운 핵심 성과 지표(Key Performance Index, KPI)가 적용된다. 예전에는 점포의 트래픽, 구매로의 전환율로 각 점포의 성과를 평가했다. 하지만 이제는 얼마나 많은 고객과 관계를 시작해서 유지하는지를 평가한다. 즉, 매장이 위치한 특정 지역에 얼마나 많은 사람이 존재하고, 이 중 얼마나 많은 이가 잠재 고객인지, 어떤 잠재 고객과 관계를 유지하고 있는지, 그리고 어떻게 지속적으로 이들에게 도움을 주고 있는지를 기준으로 매장을 평가하는 것이다.

한편 베스트 바이는 사람만이 할 수 있는 서비스를 더욱 강조한다. 전자제품에 문제가 생기면 기술 서비스 직원이 가정을 방문해서이를 해결해준다. 아마존은 할 수 없는 영역이다. 홈 엔터테인먼트 시스템을 설계해주고, 각 가정에 맞는 새로운 제품도 제안한다. 베스트바이가 보여주는 전략의 핵심은 고객과의 관계 유지다. 고객이 상품을 구매하면 설치를 도와주고 사용법을 설명해준다. 문제가 발생했는데 온라인이나 전화 같은 원격 서비스로 해결할 수 없으면 가정을 직접 방문해서 문제를 해결해준다. 이런 경험을 쌓다 보면 한 번 구매한고객이 평생고객이 되게 마련이다. 간단하지만 이것이 베스트 바이고객 마케팅의 핵심이다.

또한 베스트 바이는 항상 고객을 비즈니스 전략의 중심에 두고생각한다. 고객 데이터, 종업원 권한 부여, 고객 경험의 고도화가 전략의 핵심이다. 아마존이 급성장하면서 가전 유통 분야에서 베스트 바이 같은 오프라인 기업은 사라질 것이라고 예측한 사람들이 있었다. 하지만 베스트 바이는 고객 중심의 경영으로 위기를 잘 헤쳐 나갔다. 전자제품을 판매하는 소매점이 아니라 고객을 중심에 두고 고객이가지고 있는 구체적인 문제들을 해결해주는 해결사로 비즈니스 방향을 새롭게 전환했다. 또한 매장 밖에서 쌓을 수 있는 고객과의 인간적인 접점을 강화했다.

　베스트 바이의 고객 응대 전략을 살펴보는 것은 마케팅의 방향을 설정하는 데 크게 도움이 될 것이다. 베스트 바이의 홈 어드바이저(In-Home Adviser) 서비스는 스태프가 가정을 방문해 무료 상담을 진행하는 서비스다. 이를 통해 고객은 더욱 현명하게 제품을 구매할 수 있다. 토털 테크 서포트(Total Tech Support)는 괴짜 부대가 제공하는 서비스 프로그램으로 연간 비용은 200달러 정도다. 이 프로그램에 가입하면 베스트 바이 스태프가 가정에서 발생하는 모든 기술적인 문제를 해결해준다. 가정의 모든 전자 제품은 단독으로 움직이지 않고 서로

• • • 베스트 바이는 휴먼 마케팅으로 코로나를 극복하고 있다.
출처 : https://www.bestbuy-jobs.com/

연결되어 있다. 예를 들어보자. 넷플릭스에 문제가 있으면 넷플릭스만의 문제가 아니다. 와이파이, TV, 스트리밍 기구 등 다른 전자 제품과 연결된다. 이렇게 연결되어 있는 전자 제품 중 하나라도 문제가 생기면 이를 종합적으로 해결해주는 것이다. 베스트 바이가 이 모든 제품을 판매하기 때문에 가능한 일이다.

최근에는 고령층을 대상으로 하는 헬스케어 사업을 강화하고 있다. 미국에서도 고령화는 심각한 사회문제로 대두되고 있다. 베스트 바이는 고령층이 가정에서 독립적으로 오랫동안 잘 지낼 수 있게 지원해주고 있다. 가정에 고령자의 활동을 모니터할 수 있는 기기를 설치하고 AI를 통한 모니터링과 베스트 바이 직원의 인간적인 모니터링을 동시에 진행한다. 꼼꼼한 모니터링 덕분에 문제가 탐지되면 바로 조치를 취할 수 있다. 이처럼 베스트바이는 인간적인 터치를 가미한 기술(Tech with Human Touch)을 기치로 내걸고 고객에게 한 발 다가서고 있다.

더욱 깊이 관여하고, 더욱 섬세하게 개인화하라

고객 마케팅의 성공은 브랜드와 고객의 '관여(Engagement)', 그리고 '개인화(Personalization)'와 밀접하게 관련되어 있다. 먼저 '관여'는 성숙한 시장에서 더욱 중요한 요소다. 수익을 증대하기 위해서는 고객과 더욱 깊은 관여를 구축해야 한다. 고객의 관여를 통해 수시로 고객의 피드백을 받을 수 있다. 이러한 피드백을 바탕으로 다음번에 보낼 메시지를 개선하고 새로운 고객에게 좋은 인상을 남길 수 있다. 베스트 바이는 연령, 소득, 직업, 라이프스타일, 구매 이력, PC 같은 특정 제품의 소유 등으로 구분하여 5000만 고객에 대한 데이터 베이스를 구축했다. 지속적인 관여를 통해 현재, 그리고 미래의 고객 니즈도 분석하고 있다.

개인화 역시 주목할 만한 전략이다. 고객 중심 마케팅 활동을 통해 확보된 고객의 데이터를 활용하면 개인화된 고객 서비스를 제공할 수 있다. 다이렉트 마케팅 툴을 활용하는 데 있어서 고객 데이터를 적극 반영해 개별화된 메시지를 개발한다. 베스트 바이는 전통적인 마케팅 툴과 기술이 결합된 CRM(Customer Relationship Management)을 실현하고 있다. 고객이 정말로 관심을 가지고 있는 분야가 무엇인지 파악해서 5000만 명이나 되는 고객에게 각각 개인화된 메시지를 보내는 것은 기술의 도움이 없으면 불가능하다. 여기서도 알 수 있지만 CRM 전략에 기술을 적극적으로 도입해야 한다.

하지만 베스트 바이가 구축해놓은 고객 마케팅의 성과로도 코로나의 폭풍을 피할 순 없었다. 코로나가 한창일 때는 일시적으로 점포를 모두 닫고 예약제에 의한 홈 어드바이저리 서비스(In-home advisory service)만 진행했다. 점포가 다시 문을 열었을 때 소비자가 돌아오리라는 확신은 없었다. 코로나로 임시 휴직 중인 5만 명이 넘는 매장 직원을 다 부를 수 없을 것이라 예상했는데, 상황은 달랐다. 80% 이상의 매장 직원을 다시 복귀시킬 수 있었다. 그리고 그동안 소비자의 행태가 변했다. 온라인 구매가 작년에 비해 242% 증가했고, 구매의 44%가 매장에서의 픽업이었다. 이에 대응하기 위해서 매장 픽업 시간을 정확히 알려주는 서비스를 보완했다. 또한 게임, 컴퓨터, 가전, 태블릿 PC 판매가 늘어났다. 이와 관련, 괴짜 부대와 홈 카운셀러에게 고객의 니즈를 더욱 깊이 파악하도록 했다. 그 결과, 베스트 바이는 2020년 2분기에 전년 동기 대비 3.9% 매출이 성장하는 등 코로나 팬데믹에도 신규 고객이 늘어나는 모습을 보였다. 이 밖에도 헬스 케어 등 새로운 사업을 시작했다.

고객의 가치를 먼저 생각하고 고객과 인간적인 관계를 추구하는 베스트 바이의 새로운 휴먼 마케팅 전략이 결실을 본 것이다. 베스트 바이는 거대 경쟁사인 아마존과 차별화된 독자적인 영역을 구축할 수 있었다. 베스트 바이는 오프라인 매장을 거점으로 한 인간적인 연결을 무기로 고객의 관여, 고객의 개인화 요구에 부응하기 위해 계속 새로운 도전을 시도하고 있다. 단점으로만 보였던 매장을 가장 중요한 자산으로 만든 베스트 바이는 오프라인 매장을 전자상거래 사업 전략에 성공적으로 접목시켰다는 평가를 받는다. 또한 온라인 주문의 40%가 매장에서 픽업되는 데 착안해 모든 매장을 온라인 구매의 물류 거점으로 활용하고 있다. 이런 다양한 서비스에 만족하는 고객과 장기적인 관계를 구축하면서 이 고객들을 통해 고객 생애 가치를 극대화하고 있다.

한 번 고객을 평생고객으로

넷플릭스는 모든 것을 알고 있다. 넷플릭스는 당신이 영상물 시청을 언제 멈추는지 안다.

알고리즘을 통해 5분간 영상물을 시청하고 멈추었다는 것을 안다.

넷플릭스는 과거 히스토리를 바탕으로 고객의 하루 행동과 시간 분석을 통해서

그들이 다시 돌아올 것이라는 것을 안다.

미첼 허위츠(Mitchell Hurwitz), 미국 TV 작가

코로나가 장기화되면서 브랜드와 소비자의 관계에 변화의 조짐
이 나타나고 있다. 소비자를 한번 고객으로 삼으면 가능한 한 오랫
동안 관계를 유지하려는 경향이 눈에 띄게 증가하고 있다. 서브스크
립션(정기 구독형, Subscription) 비즈니스 모델은 고객과 장기적인 관
계를 구축하는 데 매우 유용한 모델이다. 서브스크립션 모델은 쉽게

말해 매달 또는 매년 일정 금액을 지불하면 그 기간 동안 상품이나 서비스를 사용할 권리를 얻는 판매 방식으로 신문, 우유 배달, 학원 수강료, 헬스 클럽 이용권 등 과거부터 우리에게 많이 익숙한 소비 형태다. 구독자는 마음에 들지 않으면 다음 달에 바로 서비스를 정지할 수 있다.

이 같은 서브스크립션 비즈니스가 새롭게 부각되고 있다. 넷플릭스 같은 디지털 플랫폼 회사들이 선도하다가 이제는 자동차부터 음식점까지 다양한 업종으로 이 같은 움직임이 확대되고 있다. 더 이상 기술을 기반으로 한 플랫폼 회사만의 비즈니스 모델이 아니다. 이 모델을 활용하면 고객들은 매번 금액을 지불하면서 이 제품을 구입해야 하는지 고민할 필요가 없어진다. 상품 서비스를 제공하는 기업으로선 고객이 늘어나는 만큼 안정된 수입을 확보할 수 있다. 기업과 고객 모두에게 이득이 되는 비즈니스 모델이다.

서브스크립션, 제품이 아닌 경험을 판매한다

서브스크립션 비즈니스는 소비자들의 수요가 소유에서 경험으로 바뀌는 흐름을 포착해서 만들어진 사업 모델이다. 매켄지의 보고서에 따르면 미국에서 서브스크립션 시장은 지난 5년간 100% 이상 성장했다. 물론 쉬운 사업은 아니다. 예전에는 상품을 팔고 나면 끝이었지만,

이제는 소비자를 계속 만족시키면서 지속적인 관계를 유지해야 하는 시대다. 한번 구매자를 평생 구독자로 만들어야 하는 시대다. 그런데 소비자의 요구는 갈수록 강도가 높아지고 있다. 쓸모없고 재미없으면 가차 없이 서비스를 중단하고 경쟁자에게로 옮겨간다. 이를 막기 위해선 끊임없이 소비자를 연구하고, 맞춤 서비스를 제공하고, 서비스 품질을 높여야 한다. 생각을 항상 소비자에게 맞춰야 한다.

예전에는 기존 고객을 유지하는 것보다 신규 고객을 확보하는 데 공을 들였다. 하지만 서브스크립션 비즈니스는 기존 고객을 만족시키는 일에 더욱 치중한다. 그러다 보니 기존 고객 관리와 배려가 매우 세분화되고 섬세해졌다. 기존 고객 중 오랫동안 서비스를 이용하지 않은 고객에게는 필요 없으면 해지했다가 필요할 때 다시 가입하라고 친절하게 안내해준다. 해지 방법도 매우 쉽게 만들어놨다. 고객은 어떤 이유건 마음에 들지 않는 기분 나쁜 경험을 하면 다시 돌아오지 않기 때문이다. 고객 개개인에게 맞는 맞춤형 서비스가 비즈니스의 핵심이다.

서브스크립션 비즈니스에 대한 기업 평가의 척도에도 변화가 보이고 있다. 기존에는 대차대조표와 손익계산서가 기업 평가의 중요 척도였다. 이제는 여기에 더해 고객 생애 가치(Customer Lifetime Value, CLV), 구독 해약률, 연간 정기 수익(Annual Recurring Revenue, ARR) 등 고객과의 관계 유지에 관련된 지표도 고려해야 한다. 고객의 생애 가치를 높이기 위해 고객의 만족도를 지속적으로 유지하는 것이 핵심이다.

펠로톤, 당신만의 피트니스를 제공한다

코로나 팬데믹으로 오프라인 피트니스가 모두 폐쇄되면서 운동에 대한 니즈가 큰 사람들이 펠로톤(Peloton)으로 몰리고 있다. 덕분에 코로나 상황에도 사용자와 더불어 매출이 크게 증가했다.

펠로톤의 사업 구조는 크게 커넥티드 피트니스 제품(Connected Fitness Products)과 서브스크립션으로 구성되어 있다. 커넥티드 피트니스 제품으로는 자전거와 러닝머신이 있다. 펠로톤 제품을 구입한 고객은 서브스크립션 서비스에 가입함으로써 펠로톤이 제공하는 독점적인 스포츠 콘텐츠를 이용할 수 있다. 펠로톤이 제공하는 라이브 클래스에 참여해 다른 참여자와 경쟁하면서 운동할 수 있고, 펠로톤이 매주 수십 개씩 새롭게 제공하는 광범위한 콘텐츠 라이브러리에서 마음에 드는 클래스를 선택해 운동을 할 수도 있다. 운동이 끝나면 자동으로 서버와 연결해서 운동 효과나 이전 운동 성과와의 비교 또는 개선 여부 등을 정리해 사용자들에게 알려준다.

커넥티드 피트니스 상품을 구매하고 서비스를 이용하는 사람들이 분기마다 20% 이상 증가하면서 펠로톤은 안정적으로 성장하고 있

··· 피트니스계의 넷플릭스라고 불리는 펠로톤.
출처 : 셔터스톡

다. 고객의 운동량에 맞춰 프로그램을 제공하는 등 데이터를 바탕으로 고객에게 맞춤형 서비스를 제공해 계속 서비스를 이용하도록 만들고 있다. 2020년 6월 말에는 월간 해약률이 1% 미만에 불과했다. 파산 신고를 한 미국의 대형 피트니스 골드짐(Gold's Gum) 등 코로나 때문에 고심하는 오프라인 피트니스와는 대조적인 모습이다. 피트니스계의 넷플릭스라고 불리는 펠로톤의 성장세는 더욱 거세질 것으로 보인다.

서브스크립션, 유연성 · 효율성으로 고객을 사로잡다

성공한 서브스크립션 사례는 이밖에도 다양하다. 상품이 넘쳐나면서 빅 히트 상품이 등장하기 힘든 시대가 되었다. 상징적인 예가 스마트폰이다. 현재 12억 대 이상 보급돼 있는 스마트폰은 새로운 소비가 주춤하고 하드웨어의 성능을 향상시키는 데도 한계에 도달했다. 스마트폰 업계는 이에 대한 타개책으로 서브스크립션 모델을 도입하고 있다. 애플의 경우, 단말기를 중심으로 서비스를 융합하는 정책을 펼치고 있다. 계약자 1인당 수익(Average Revenue Per User, ARPU)을 증대시키려는 전략이다. 애플은 애플 워치의 피트니스 서비스로 서브스크립션 비즈니스 모델을 도입하고, 이를 강화하겠다고 발표했다. 고객과 장기적인 관계를 재구축하는 노력의 일환이다.

자동차 업계에서도 서브스크립션 비즈니스 모델을 활발히 도입하고 있다. 매월 정해진 금액(구독료)을 지불하면 정해진 기간 동안 여러 대의 차를 바꿔가며 이용, 운행할 수 있다. 매월 이용료에는 차량 이용 비용뿐만 아니라 보험료, 유지관리 비용, 차량 등록 비용, 세금 등이 모두 포함돼 있다. 고급스럽고 호화로운 '여러 대의 다른 차'를 관리 비용 걱정 없이 운전할 수 있다. 유연성(Flexibility)과 자유로움(Freedom)을 장점으로 내세운 서비스다.

도요타자동차는 '킨토(KINTO)'라는 서브스크립션 비즈니스를 선보였다. 차량을 구매하는 것보다 저렴한 비용으로 이용할 수 있어서 주로 젊은층에게 인기가 있다. 지금까지 도요타의 주고객층은 50~60대였는데, 이 서비스의 주이용객은 20~40대다. 젊은층이 자동차 구매를 회피하는 가운데 서브스크립션 비즈니스가 고객층 확장으로 연결된 고무적인 사례다.

항공업계에도 서브스크립션 모델이 도입되었다. 미국의 멤버십 프라이빗 젯 서비스를 제공하는 서프에어(Surf Air)는 한 달 1950달러부터 시작되는 멤버십에 가입하면 서프에어 전용 공항이 있는 도시들을 무제한으로 오갈 수 있다. 탑승 수속이 기차표 사는 것만큼이나 간단하다. 이로써 기업가나 여행가들에게 상업용 비행기보다 효율적인 서비스를 제공하고 있다.

이처럼 서브스크립션 비즈니스는 다양한 업종으로 확산되고 있다. 자동차, 커피, 게임, 패션, 의류 등 일반적인 기업부터 구 같은 공공기관도 지역 활성화 수단으로 이 모델을 활용하고 있다.

일본의 UCC 우에시마 커피(Ueshima Coffee)의 '마이 커피(My Coffee) 배달 서비스'도 서브스크립션 서비스다. 우에시마 커피는 1933년 창업한 이래 점포용, 가정용, 레귤러 커피, 세계 최초 캔 커피 개발 등 일본 커피 문화를 선도해온 기업이다. '마이 커피 배달 서비스'는 커피 원두를 매달 배달해주는 서비스로, 개인의 기호를 분석해서 기호에 맞는 커피를 맞춤형으로 제안한다. 커피 원두의 수요가 증가하는 점과 소비자의 기호가 세분화되는 점에 착안해서 '나

에게 딱 맞는 커피', '나다운 커피 스타일'을 찾을 수 있다는 콘셉트로 2018년 3월 출시했다. 실제 점포와 온라인 몰에서 모두 서비스를 받을 수 있다.

공공단체들도 서브스크립션 서비스에 관심을 보이고 있다. 도쿄 시부야구에서는 일정 금액의 월회비를 지불하면 프로그램에 참가한 관할 구 지역 내 식당에서 정기적으로 무료 드링크를 서비스 받을 수 있다. 도쿄 신주쿠에 있는 쇼핑몰 루미네(Lumine)도 음식점에서 사용할 수 있는 서브스크립션 서비스를 시작했다. 이처럼 구나 쇼핑몰 등이 지역 활성화 자원에서 서브스크립션 비즈니스 모델을 앞다투어 도입하고 있다. 무인양품(MUJI)은 최근 가구에 대한 정기 서브스크립션 비즈니스를 시작했는데, 이 분야를 계속 확대해 나갈 계획이다. 미쓰이부동산은 자사가 개발한 아파트 단지 내에서 사용할 수 있는 MaaS(Mobility as a Service)를 실시한다. 주민들이 월회비를

내고 앱을 활용해서 택시, 버스, 공유 자전거, 카 셰어링 등의 서비스
가 필요할 때 사용할 수 있는 서비스다. 이처럼 서브스크립션 모델
은 앞으로 그 활용도가 더욱 높아질 것으로 보인다.

칼라리아, 매달 당신의 향기를 바꾸세요

코로나의 영향으로 매출이 7배 증가한 향수 업체가 있어 주목을
끈다. 일본의 스타트업 하이링크(High Link)가 제공하는 향수 정기 배
달 서비스 '칼라리아(Coloria)'다. 2019년 서비스를 시작했는데, 흥미로
운 점은 집에 있는 시간이 많아진 2020년 3월 이후 이용자가 급격히
증가했다는 점이다. 외출을 자제하면 향수를 뿌리는 일도 적어질 거
라고 예상했는데 실상은 달랐다. 집에 있으면서도 몸에 뿌리거나 하
루 중 대부분의 시간을 보내는 방이나 자기 전 침대에 뿌리는 등 집에
서의 사용이 눈에 띄게 증가했다. 외출 시 주변 사람에서 좋은 인상을
주기 위해 뿌리던 향수를 집에서 자신의 기분을 달래기 위해서 사용
하는 새로운 니즈가 생겨난 것이다.

이 서비스는 월 1980엔(약 2만 원)으로 샤넬(CHANEL), 끌로에
(Chloe), 에르메스(HERMES), 구찌(GUCCI) 등 500여 종의 향수 브랜드
중에서 매월 자신이 좋아하는 향수 한 종류를 선택할 수 있다. 4밀
리미터 정도의 향수를 스프레이 용기에 넣어서 배달해준다. 하루에

· · · 향수 배달 서비스 '칼라리아(Coloria)'. 미니 스프레이 용기에 4밀리미터 정도 넣어서 매달 배달해준다.
출처 : https://coloria.jp

1~2회 사용하면 1개월 정도 사용할 수 있는 분량이다. 라인(LINE)을 통해 향수 선택 방법 등을 전문가로부터 상담받을 수 있다. 현재 고객의 95%가 여성이고, 20대가 60%를 점하는 등 특히 젊은 여성들에게 인기가 있다.

향수 회사와의 협업 또한 기대된다. 향수 한 병 전체를 구입하는 것에 부담을 느끼고 구매를 망설이는 소비자에게 칼라리아는 한 번 사용해볼 수 있는 기회를 제공한다. 설문 조사에 의하면 사용해본 후 마음에 들면 향수 한 병을 사겠다고 대답한 소비자가 81.5%에 이르렀다. 이처럼 향수 회사에 새로운 고객을 발굴해서 매출을 증가시킬 수 있는 기회를 제공해 협력 업체들의 호응이 높은 편이다. 신제품이 나오면 회원을 대상으로 한 샘플링도 가능하다. 회원의 인스타그램 같은 SNS를 통해서 상품 인지도를 높이고 브랜드 팬을 만들어갈 수도 있다. 고객 데이터를 활용한 다양한 마케팅 활동이 가능해서 향수 회사들과의 윈윈 전략으로 활발히 성장할 것으로 기대된다.

소비자들이 '고객'에서 '구독자'로 바뀌고 있다

넷플릭스(Netflix), 훌루(Hulu), 스포티파이(Spotify) 같은 디지털 플랫폼 회사에서 주목받던 서브스크립션 비즈니스 모델이 자동차, 항공, 홈 피트니스, 게임, 헬스, 교육, 자기계발, 홈 메인터넌스, 가구, 엔터테인먼트, 패션, 의류, 공공기관까지 뻗어 나가고 있다. 최근에는 꽃, 과자, 향수 등 기호상품까지 확대되는 등 향후 확대될 가능성이 무궁무진하다. 더 이상 기술을 기반으로 한 플랫폼 회사의 전유 비즈니스 모델이 아니다. 소유에서 경험(이용)으로 진화해가는 소비자의 새로운 소비 스타일 변화를 반영한 비즈니스 모델이다.

서브스크립션 비즈니스 모델은 코로나 시대의 구세주라고 할 수 있다. 피트니스 센터를 생각해보라. 많은 시설이 문을 닫았지만 소수 업체들은 고객에게 온라인 운동 코스를 제공하면서 코로나가 해결되고 평범한 일상이 돌아오기만을 기다리고 있다. 당장 수익 면에서는 코로나 이전과 비교할 수 없는 수준이지만 잘 운영하면 고객과의 관계를 지속적으로 유지하면서 최소한의 비즈니스는 계속 유지할 수 있다.

포스트 코로나 시대에는 많은 기업이 서브스크립션 모델을 도입할 것으로 예상된다. 이 같은 서비스를 통해 편안함, 선택, 안전을 제공하고 고객과의 장기적인 관계를 유지할 수 있다. 소비자에게 상품을 구매하게 하고 이후 더 이상 신경쓰지 않는 마케팅은 더 이상 생존할 수 없다. 모든 거래가 반복 구매를 지향하는 서브스크립션 모델 방식으로 진화하고 있다. 이 모델이 완전히 정착되고 나면 소비자들은 다양한 서브스크립션 서비스에 가입하는 소비 패턴을 유지하게 될 것이다.

하지만 이 비즈니스 모델을 지속적으로 유지하는 것은 결코 간단한 일이 아니다. 서비스를 제공하는 기업은 고객에게 어떠한 이익을 제공할 수 있는지 항상 명확히 하지 않으면 서비스를 장기적으로 유지하기 어렵다. 게다가 고객이 이탈하는 것을 방지하기 위해서 제공하는 상품 서비스의 내용을 끊임없이 개선해야 한다. 영리한 소비자는 만족하지 못하면 언제든지 구매를 정지하고 다른 경쟁 브랜드로 옮겨갈 수 있기 때문이다.

고객의 개념이 구독자의 개념으로 바뀌고 있다. 현재의 고객(구독자)이 이탈하지 않도록 지속적으로 서비스를 개선해 나가면서 새로운 고객을 확보하기 위해 꾸준히 노력해야 한다. 더욱 중요한 것은 기존 고객이 이탈하지 않도록 하는 것이다. 서브스크립션 비즈니스는 상품 서비스 내용을 끊임없이 개선하고, 한번 확보된 고객과 친밀한 관계를 지속적으로 유지하면서 고객의 만족도를 높이는 것 이외에는 사업을 성공으로 이끌 수 있는 다른 방법이 없다.

DX 2.0, 새로운 미래를 창조하라

미래를 예측하는 가장 좋은 방법은 미래를 창조하는 것이다.

피터 드러커(Peter Drucker), 미국 경영 컨설턴트

코로나로 인해 재택근무가 기본이 되었고, 회사는 필요한 경우에만 가는 곳으로 바뀌었다. 개인적으로 대학교 캠퍼스에서 학생들을 만날 거라는 기대는 수업이 온라인으로 전환되면서 여지없이 깨졌다. 한편으로는 마케팅에 대해 많은 것을 생각해볼 수 있는 시간이기도 했다. 특히 마케팅이 사회에 끼치는 역할에 대해 많은 생각을 했다. 사회에 급격한 변화와 위기가 발생했을 때 마케팅이라는 학문은 더욱 중요한 역할을 한다. 마케팅은 비즈니스에 도움이 되지 않으면 학문으로서 의미가 없다. 실생활에서의 마케팅은 비즈니스 그 이상이

다. 마케팅을 통해 좀 더 건강하고 좋은 사회를 만들 수 있다.

코로나를 겪으면서 세계가 이전보다 더욱 긴밀하게 연결되어 있다는 것을 실감할 수 있었다. 코로나로 물리적으로 고립되는 시간이 많아졌지만 외부와의 심리적인 연결감은 더욱 깊어졌다. 물리적으로 해외에 나가는 것이 어려운 상황이지만 사람의 연결과 정보의 흐름에서는 국경이 무너진 지 이미 오래다. 미국에서 일어나는 일이 동남아시아, 유럽, 남미, 아프리카에서도 일어나고 있다. 정보는 실시간으로 공유된다. 코로나조차도 막을 수 없다.

경제, 비즈니스, 마케팅, 소비자, 유통 등 다양한 분야에서 엄청난 변화가 일어나고 있다. 세계 경제가 큰 전환기에 맞닥뜨린 상황에서 소비자의 니즈가 어떻게 변하고 기업은 이러한 변화에 어떻게 대응해야 할까? 마케터에게는 세상에서 발생하는 새로운 변화와 트렌드에 눈을 돌려서 소비자의 잠재적이고 본질적인 니즈를 파악할 의무가 있다. 소비자의 문제점을 파악해서 이를 해결할 수 있는 제품과 서비스를 제공하는 것이 마케터의 역할이기 때문이다.

코로나 같은 변화의 시기에는 새로운 기회가 생겨나게 마련이다. 이러한 변화 속에서 수요를 일으키는 시장과 소비자의 달라진 니즈를 발견해 새로운 비즈니스 기회를 창출해야 한다. 소비자의 행동이 어떻게 변화하고 소비자가 무엇을 원하는지 한 발 앞서 파악해야 한다. 새로운 시장이 생겨나는 데 주목하라. 새로운 니즈에 맞게 새로운 상품과 서비스를 개발해서 소비자가 기대하는 가치를 제공하는 것이 마케터가 할 일이다. 코로나 시대, 새로운 가치를 창출해 나가는 데 있어서 마케터의 역할은 도전에 직면했다. 보다 행복하고 보다 나은 인간의 소비 생활을 위해 다시 한 번 원점에서 생각해보고 지혜를 짜낼 필요가 있다.

소비 구조에 있어서도 많은 변화가 일어나고 있다. 판매 시점 정보관리 시스템(point of sales, POS)이 도입된 1990년대 유통업체가 이를 활용해 소비자의 정보를 수집하면서 생산 주도에서 유통 주도로 헤게모니가 넘어갔다. 이제는 소비자가 자기만의 채널을 통해 필요한 정보를 직접 수집하는 시대가 되었다. 필요한 것을 직접 만드는 소비자의 제조업화 현상까지 일어나고 있다. 기술 발전에 의해 소비자 중심 시대로 변화하고 있다.

이런 상황에서 소비자와의 직접적인 접촉을 강화하기 위해 DX를 도입하는 기업이 늘어나고 있다. 기업을 경영하는 데 있어 이는 선택 사항이 아니라 필수적인 요건이 되었다. DX는 단순히 IT 기술을 활용한 정보 시스템 관리를 말하는 것이 아니다. DX를 통해 고객 데이터를 수집, 활용하더라도 거기에 고객 중심의 철학이 없으면 진정한 부가가치가 탄생하지 않는다. 고객 및 사회가 요구하는 것이 무엇인지 먼저 파악해야 한다. DX는 IT가 아니다. IT로 단순히 필요한 기능을 제공하던 DX 1.0 시대에서 탈피해야 한다. DX 2.0의 신속한 도입이 필요하다. DX 2.0은 사업 그 자체가 변하는 것이다. 진정한 DX의 실현은 고객 중심의 마케팅 관점에서 시작하는 DX 2.0으로 전환함으로써 가능하다. 이제는 DX 2.0 시대다. 데이터에 기반을 둔 고객 관점의 마케팅이 DX 2.0 시대의 비즈니스 성공의 지름길이다.

위기가 닥치면 다양한 전략과 대응 방안이 쏟아져 나온다. 전문가, 학자, 경영자 등 석학들이 지금까지의 경험을 바탕으로 실현 가능한 대책을 제시한다. 그러면 위기를 타개해 나갈 수도 있겠다는 생각에 다소 안도하게 된다. 하지만 무엇보다 중요한 것은 대응 방안을 제시하는 것이 아니고 이를 적극적으로 실천해 나가려는 의지다. 탁월한 리더십을 발휘하는 지도자들과 현장에서 이를 실천하는 무수한 마케터들이 합심해서 지혜를 발휘해 슬기롭게 위기를 극복해 나가야 한다. 신속한 전환, 선제적인 대응, 체계적인 전략 수립 및 실천이 중요한 시기다.

위기의 시기는 더 행복한 삶을 향한 일보 후퇴라고 할 수 있다. 또한 절호의 찬스이기도 하다. 과거 페스트라는 전염병으로 대학들이 휴교했던 위기 상황에서 뉴턴은 고향으로 내려가 쉬던 중 만유인력 법칙의 단서를 만났다. 코로나는 우리에게 사고할 수 있는 시간을 주었다. 혼자의 시간을 잘 활용해야 한다. 비즈니스 측면에서 보면, 창조적 휴가를 잘 활용해서 더욱 창의적이고 발전적인 비즈니스 아이디어를 개발하는 절호의 기회가 될 수도 있다. 어려움을 현명하게 극복하고 나면 인간의 경제활동 및 비즈니스 활동은 위기 이전보다 행복을 향해 한 발 더 나아갈 것이다.

또 하나의 키워드는 오픈이다. 세계는 섞여 있다. 이런 상황에서 필요한 것은 오픈 마인드(open mind)다. 특히 정보에 대한 오픈이 필요하다. 커뮤니티를 넘어서 기업들끼리, 단체들끼리 비즈니스 정보를 공유하는 것이 중요하다. 어려운 상황을 같이 해결해 나가는 자세를 가져야 한다. 한 나라에 국한하지 않고 글로벌한 수준에서도 국가들끼리 협력하고, 정보를 공유하고, 공조하는 활동은 코로나를 극복하는 차원을 넘어 코로나 이후 더욱 행복한 세계를 만들기 위해서도 매우 시급하게 필요하다.

영어를 공부하다 보면 '블레싱 인 디스가이스(Blessing in disguise)'라는 말을 접하게 된다. 직역하면 '변장한 축복'이다. 불행이나 문제처럼 보였지만 실은 고마운 것, 또는 괴로웠지만 나중에 생각해보면 유익해지는 경험 따위를 의미하는 영어 표현이다. 코로나로 인해 여러 회사들이 재택근무를 시행하고 학교와 도서관, 놀이터, 운동센터, 공원 등등의 시설들은 문을 닫거나 제한된 운영을 하고 있다. 어떤 환경에서도 사람들과 거리를 둬야 하는 등 많은 제약이 생겼다. 하지만 코로나로 인해 나쁜 점만 있는 것은 아니다. 자유에 제약이 생기면서 지금까지 누려왔던 당연했던 많은 것이 얼마나 감사한 것인지 알게 됐다. 이 시기가 힘든 시기인지 아니면 좋은 기회인지는 시간이 지나면 알게 될 것이다.

코로나가 부정적인 영향만 끼치는 게 아니라 '변장한 축복'이라는 말처럼 많은 사람에게 뜻밖의 기회가 되어주었으면 하고 바란다.

코로나 블루(Corona Blue)라는 말이 있다. 많은 사람들이 침체되면서 스트레스로 인한 심리적인 무기력감을 느끼고 있다. 이처럼 블루는 흔히 부정적인 색깔로 여겨진다. 하지만 가을철 청명한 하늘 또한 푸른색이고, 사람들은 진한 파란색 바다를 보는 것을 즐기기도 한다. 이처럼 블루는 긍정적인 색깔이기도 하다. 코로나가 비록 우리 생활을 힘들게 만들고 있지만 이를 잘 극복하면 좋은 일도 생길 것이다.

변화와 위기의 시기일수록 마케터는 냉철한 환경 분석과 무한한 상상력을 무기로 미래를 읽어내는 식견을 길러야 한다. 동시에 미래를 개척하는 역량도 필요하다. 경영의 대가 피터 드러커(Peter Drucker)는 "미래를 예측하는 가장 좋은 방법은 미래를 창조하는 것이다(The best way to predict the future is to create it)"라고 말했다. 시장의 움직임을 잘 읽어서 새로운 트렌드를 만들어가는 것도 마케터의 역할이다. 시장의 대세만 따라가며 수동적으로 대응하면 한 발 늦을 수밖에 없다. DX 2.0 시대, 미래를 창조하는 것은 마케터의 몫이다.

위기의 시기는 항상 존재했다. 하지만 이 또한 지나갈 것이다. 위기 후의 모습을 그려보면서 미래에 대한 장기적인 계획을 세워야 한다. 미래 예측은 불완전할 수밖에 없다. 그럼에도 불구하고 인간의 본

성, 기술 발전, 역사적인 트렌드 등을 고찰하고 이들과 우리의 미래에 대한 기대가 어떻게 부합할 수 있을지 생각해보자. 각자 처한 환경에서 지속적인 비즈니스, 특히 성장할 수 있는 마케팅 전략을 세우는 데 이 책이 조금이나마 나침반이 되어주기를 희망한다.

디지털 트랜스포메이션 마케팅

초판 1쇄 인쇄 2021년 9월 3일
초판 1쇄 발행 2021년 9월 15일

지은이 양경렬
펴낸이 이범상
펴낸곳 (주)비전비엔피 · 비전코리아

기획 편집 이경원 차재호 김승희 김연희 고연경 최유진 황서연 김태은 박승연
디자인 최원영 이상재 한우리
마케팅 이성호 최은석 전상미 백지혜
전자책 김성화 김희정 이병준
관리 이다정

주소 우) 04034 서울특별시 마포구 잔다리로7길 12 (서교동)
전화 02) 338-2411 | **팩스** 02) 338-2413
홈페이지 www.visionbp.co.kr
인스타그램 www.instagram.com/visioncorea
포스트 post.naver.com/visioncorea
이메일 visioncorea@naver.com
원고투고 editor@visionbp.co.kr

등록번호 제313-2005-224호

ISBN 978-89-6322-183-0 03320

도서에 대한 소식과 콘텐츠를
받아보고 싶으신가요?